JN116310

正信偈に学ぶ

―親鸞聖人からの贈り物

狐野秀存
Kono Shuzon

正信偈に学ぶ　—親鸞聖人からの贈り物

もくじ

凡例

本文中の「真宗聖典」とは、東本願寺出版発行の『真宗聖典』を指します。

一　親鸞聖人からの贈り物

「正信偈」の概略

これからご一緒に学ばせていただく「正信偈」は、正式には「正信念仏偈《しょうしんねんぶつげ》」といい、親鸞聖人から私ども、後世への最大の贈り物であると申してよかろうと思います。浄土真宗ではこの「正信偈」が日常のお勤めとなっていますので、真宗にご縁をお持ちの方なら、「帰命無量寿如来《きみょうむりょうじゅにょらい》」という言葉で始まるこの偈を何度も耳にされているのではないでしょうか。

「正信偈」は、大きく分けますと、前半部分と後半部分の二部構成になっていて、その前半の部分を「依経分《えきょうぶん》」と呼んでいます。阿弥陀如来《あみだにょらい》の本願を説き明かした『仏説無量寿経《ぶっせつむりょうじゅきょう》』(以下、大経《だいきょう》)というお経に依《よ》る部分ということです。

その「依経分」には、阿弥陀仏の本願のいわれを説き明かす「弥陀章」と呼ばれる部分と、その阿弥陀仏の本願を私どものために説き示してくださったお釈迦さまについて述べた「釈迦章」の二つがあります。これが前半の「依経分」の内容です。

それから後半が「依釈分《えしゃくぶん》」と呼ばれています。ここでは、お釈迦さまの教えを受けて、インド・中国・日本の三国にわたって私どもにまで阿弥陀仏の本願を伝えてくださった「三国七高僧」と呼ばれる七人の高僧方について述べられています。この七人の方々はみな、阿弥陀仏の本願を明らかにして、念仏を私どもに勧めてくださっているのですが、一応その時代の流れのなかで色合いのようなものがありまして、はじめのインドの龍樹菩薩《りゅうじゅぼさつ》、天親菩薩《てんじん》、それから中国の曇鸞大師《どんらんだいし》の三人を「上三祖《かみさんそ》」と呼んでいます。また、同じ中国の道綽禅師《どうしゃくぜんじ》、善導大師《ぜんどうだいし》、そして日本の源信僧都《げんしんそうず》、それから親鸞聖人の直接のお師匠さまである法然上人《ほうねんしょうにん》の四人を「下四祖《しもしそ》」と呼んでいます。そういう微妙な色合いの区別があるものですから、「上三祖」と「下四祖」というわけ方で七高僧を見ていくのが通例になっています。

「偈前の文」を読む

「正信偈」は、もともとは親鸞聖人がいちばん大切な書物として書き遺された『教行信証《きょうぎょうしんしょう》』という著作のなかに収められています。「行巻《ぎょうのまき》」の最後に書かれているのですが、その直前に「偈前《げぜん》の文《もん》」と呼ばれる短い文章が付けられています。その結語に、「正信偈」をお作りになったこころを述べています。

しかれば大聖《だいしょう》の真言《しんごん》に帰し、大祖《だいそ》の解釈《げしゃく》に閲《えっ》して、仏恩《ぶっとん》の深遠《じんのん》なるを信知して、正信念仏偈を作りて日《い》わく、

（『真宗聖典』203頁）

この言葉があって、「帰命無量寿如来」と「正信偈」が始まっていくわけです。

この文章のはじめにある「しかれば」というのは、『教行信証』の「行巻」において南無阿弥陀仏のこころを明らかにしてきたことを受けています。次に「大聖」というのはお釈迦さまを尊んでいう言葉です。「真言」とは「まことの言葉」ということです。つまり「大聖の真言に帰し」とは「お釈迦さまのまことの言葉に帰して」ということです。

続いて「大祖の解釈に閲して」とあります。「大祖」というのは、先ほどご説明いたしました後半部分に出てきます三国七高僧の方々のことです。その方々がそれぞれ遺してくださった如来の本願についての解釈を記した書物を開き見て、ということです。そして「仏恩の深遠なるを信知して」とあります。つまり、阿弥陀仏の本願が私どものために建てられていることを、その恩徳《おんどく》が深く遠く今日のこの私にまでしっかりと伝わっていることをこの身に受けたということです。

そして、その本願の歴史の証明を『正信念仏偈』という偈を作ってこれから述べる、ということです。

「正信偈」の構成

本願寺第八代の蓮如上人《れんにょしょうにん》が書かれた『正信偈大意《たいい》』という著作があります。これは蓮如上人が親鸞聖人の書かれた「正信偈」の本文に応じて、分節して詳しく注釈されたものです。その『正信偈大意』は次のような文章で始まっています。

そもそも、この『正信偈』というは、句《く》のかず百二十、行《こう》のかず六十なり。これは三朝高祖《さんちょうこうそ》の解釈《げしゃく》により、ほぼ一宗大綱《たいこう》の要義をのべましましけり。この『偈』のはじめ「帰命」というより「無過斯《むかし》」というにいたるまで、四十四句、二十二行なり。これは『大経』のこころなり。「印度《いんど》」已下《いげ》の四句は、総じて三朝の祖師、浄土の教《きょう》をあらわすこころを標《ひょう》したまえり。また「釈迦」というより『偈』のおわるまでは、これ七高祖の讃《さん》のこころなり。

（『真宗聖典』747頁）

まず、「そもそも、この『正信偈』というは、句のかず百二十、行のかず六十なり」とおっしゃっています。「正信偈」は、先に述べたように親鸞聖人の『教行信証』に収められています。この『教行信証』の親鸞聖人直筆である「坂東《ばんどう》本《ぼん》」（東本願寺蔵）を見てみますと、「正信偈」が一行に二句ずつ書いてあります。ですから、全体で百二十句を六十行に収めて書いてある、ということを最初にことわっているのです。

そして、「これは三朝高祖の解釈により、ほぼ一宗大綱の要義をのべましましけり」と、三国七高僧の教えの言葉を要約することによって、浄土真宗という親鸞聖人が明らかにした仏道のおおよその大綱、要義を述べられたものである、というわけです。

さらに、「この『偈』のはじめ「帰命」というより「無過斯」というにいたるまで、四十四句、二十二行なり。これは『大経』のこころなり。「印度」已下の四句は、総じて三朝の祖師、浄土の教をあらわすこころを標したまえり。また「釈迦」というより『偈』のおわるまでは、これ七高祖の讃のこころなり」とあります。これは、先に述べたように、「正信偈」の前半は『大経』に依って阿弥陀如来の本願の教えを述べた部分（依経分）であり、後半は三国七高僧の教えを表した部分（依釈分）であるということですが、ここではもう少し詳しく「正信偈」の構成を述べておきます。

まず、「正信偈」のはじめに「帰命無量寿如来　南無不可思議光」とあります。この二句は「総讃《そうさん》」といって「正信偈」のすべてが象徴された句です。その「帰命無量寿如来」から始まって、四十四句目、二十二行目の「難中之難無過斯」までが前半の「依経分」ということになります。

さらにその後、「印度西天之論家」と続きますが、そこから後半の「依釈分」が始まります。その中でも、「明如来本誓応機」までの四句は、「依釈分」の「総讃」とされています。そして、その後の「釈迦如来楞伽山」から、七人の高僧方について一人ひとりをほめたたえる偈が述べられていきます。

まず、「釈迦如来楞伽山」から「応報大悲弘誓恩」までの十二句はインドの龍樹菩薩。「天親菩薩造論説」から「入生死園示応化」までの十二句はインドの天親菩薩についてです。続く「本師曇鸞梁天子」から「諸有衆生皆普化」までの十二句が中国の曇鸞大師です。以上、三人が「依釈分」の「上三祖」になります。

次に、「道綽決聖道難証」から「至安養界証妙果」までの八句が中国の道綽禅師です。そして「善導独明仏正意」から「即証法性之常楽」までの八句がやはり中国の善導大師についてです。続いて「源信広開一代教」から「大悲無倦常照我」までの八句が日本の源信僧都。そして最後に「本師源空明仏教」から「必以信心為能入」までの八句が源空上人です。この源空というのは、親鸞聖人の直接の師匠であった法然上人のことです。以上、中国の道綽禅師と善導大師、日本の源信僧都と法然上人が「下四祖」になります。

そして、最後の「弘経大士宗師等」から「唯可信斯高僧説」までの四句は「結勧」と呼ばれ、「結して信を勧める」部分です。「依釈分」で三国七高僧の念仏相続のこころを述べてきて、最後に「以上のようにインドから中国、さらにこの日本へと、阿弥陀仏の本願による念仏の法が相続されてきました。その念仏を今、私親鸞も喜んでこの身に受けています。どうか未来の方々も南無阿弥陀仏とお念仏申してください」という勧めの言葉をもって「正信偈」が結ばれているわけです。

二　「正しい信心」とはどういうことか

「正信」を問う

蓮如上人の『正信偈大意』の最初のところで、「正信偈」の「正信」ということについて非常に大事なことを述べておられます。「正信」というのは「正しい信心」ということです。では、「正しい信心」とは何でしょうか。実はこれが今日ではいちばんの問題です。新聞やテレビなどを見ますと、連日のように世界のあちらこちらで信心をめぐって人と人が殺しあい、戦争にまで至るような争いが起きています。みんな自分の信心は正しいと思っているのです。自分の信じるものと別の人が信じるものが違うものですから、我こそが正しいということで争い、果ては激しい戦争にまで至ってしまいます。

国同士の争いも悲しいことですが、そういう大きなことだけでなく、これは私どもの足もとの身近な問題でもあり、みなさんの家庭の中でも日々起こっていることです。「自分の言うことが正しい」ということで、小さな争いがおこります。私どもは、自分が一番正しいという心が骨の髄まで沁みとおっていますから、自分の思いと違うことや、思い通りにいかないことがあると、すぐに怒りをむき出しにするのです。普段はおとなしく角を隠していても、いざとなったら夫が妻に、妻が夫に、親が子に、子が親に対して牙をむくということは日々起こっていることです。それはみなが、「正しい」ということを「自分が正しい」というふうにすり替えているからです。ですから、大きくは国同士の争い、小さくは家庭の中でのいがみ合いが絶えないわけです。

「川一つで仕切られる滑稽《こっけい》な正義よ。ピレネー山脈のこちら側での真理が、あちら側では誤謬《ごびゅう》である」。パスカル（1623〜1662）の『パンセ』（前田陽一訳）の断章の一節です。私どもが日ごろ「正しい」と思ったり言ったりしていることは、「我に義あり」という人間の傲慢なのでしょう。私の正義にしたがわない者は不義だから、それを征伐しなければならないという、敵対的な正しさです。そのような私どもの根本の無明《むみょう》を、私が教えを受けました信國淳《のぶくにあつし》先生（１９０４〜１９８０）はself-justification（自己正当化）と言われました。これが親鸞聖人の教える「自力《じりき》の心」の正体です。

「正信偈」の「正信」とは、そのような私ども人間の底の知れない自己中心性を知らせ、われもひとも共にいるではないかという、いのちの事実に気付かせる如来のはたらきです。「正」は真実ということです。真実は如来に属します。「正信」という言葉自体が、もはや人間が自力の心で勝手に作り出す信心でなく、如来の真実のはたらく「回心《えしん》の信」であることを示しているのです。

「邪」の信心

「正しい信心」というものはどういうことか。そのことについて、蓮如上人は次のようにいっておられます。

問うていわく、『正信偈』というは、これはいずれの義ぞや。
こたえていわく、「正」というは、傍《ぼう》に対し、邪《じゃ》に対し、雑《ぞう》に対することばなり。「信」というは、疑《ぎ》に対し、また行《ぎょう》に対することばなり。
（『正信偈大意』、『真宗聖典』747頁）

ここではまず、「正信」の「正」について「傍」「邪」「雑」の三つと対比して示しておられます。

説明の便宜上、少し順番を入れ替えますが、まず「邪に対し」と書かれていることに注目しましょう。「正」は「邪」に対する。つまり「正信」は「邪信《じゃしん》」ではないということをいっておられるのです。

およそ宗教であるかぎり、どんな宗教でも「光明体験」が語られます。自分の思いが叶わず、また思いもしないことに遭遇して、心が行き詰まってしまうことがあります。身心ともに疲れはてて、底の知れない暗闇の淵に自分ひとりがぽつんといるような、閉ざされた気持ちにうちひしがれているところに、そのような自分を丸ごと優しくつつみ照らし出す光に出会うと、救われ、生き返った気持ちがします。そのような光明体験は宗教の入口として不可欠なものといえます。

仏教も光の言葉、光の人に出会うことによって、自分の生きることのできる世界が開かれます。ただし、仏教は自覚の教えです。「自らを助ける」真実の自己に目覚める教えです。光に出会ったからこそ、その光の中で事実の自分をになって立ち上がっていく勇気を与えられるのです。光明体験が自覚体験にまで展開してはじめて仏教になります。

もし真実の自己に目覚めることなく、光明体験だけに執着すれば、すがたかたちは仏教であってもまったく別のものになってしまいます。光明体験は感動です。しかし、感動は時間の経過とともに薄れてきます。そうすると、「あの感動をもう一度」と、感動を求めてさまようことになります。そして、ここにもっと素晴らしい教えがある、あそこにあなたを助けてくれる教祖さまがおられると聞けば、うかうかとそれについていき、あちこちの宗教を転々としてしまいます。

私はそういう、一見真面目そうで熱心なすがたを宗教的流転《るてん》と申しています。「正信」ということは、具体的には「外道《げどう》」ではないということです。外道というのは、困ったことや自分の意に染まないことがあると、いつも自分の外に原因を見いだそうとするあり方をいいます。その外道に対して仏教を「内道《ないどう》」といいます。自分自身（内）を省《かえり》みるわけです。実際、自分の身に起こったことは、どんなに外に原因を押しつけても、それで解決するわけではありません。泣いても笑っても、この身に起こったことは自分が引き受けていかなければならないのです。自分にとって困ったことを人のせいにせず、自分で引き受けてそれを乗り越え、克服する道を見いだしていく。そういう意味で、仏教のことを内道というのです。

「雑」の信心

次に、「雑に対することばなり」という部分に注目してみましょう。つまり「正信」とは「雑信《ざっしん》」ではないということです。「雑」というのは「雑《ま》じる」という字ですから、雑信とはご利益があれば何でもいい、あれもこれも……、というような信心のあり方です。

たとえば、みなさんのお子さんやお孫さんの中に、受験で大変だった方もおられるでしょう。何とか志望校に合格したい一心で、神さまであろうと仏さまであろうと、ご利益があれば何だっていいとあちらこちらにお参りし、たくさんのお守りやお札などをもらってくる。京都なら学問の神さまの菅原道真をお祀《まつ》りする北野天満宮などがあります。しかも、一か所にお参りしただけでは不安だというので、他にもいろいろなところへ合格祈願に行く。その気持ちはよくわかります。それで首尾よく合格すれば「ありがとうございました」となるのですが、「残念無念……」ということになったらどうなりますか。それまで勉強机の上に飾って毎日手を合わせていたお札やお守りを、「神も仏もあるものか」といってゴミ箱に投げこむことにもなりかねません。そういう「あれもこれも」という信心のあり方が「雑信」ということです。

要するに、いろいろなものを拝み、信仰しているように見えるけれども、何のことはない、何ごとも自分にとって都合のいいようにしてくれる神さま・仏さまを頼りにしているということです。そのような信心は、神さま仏さまの方が迷惑でしょう。神さまや仏さまは、私どもの都合のためにあるのではないのです。

その雑信が非常にスマートになった形が、仏教の中でも「聖道門《しょうどうもん》」の教えにまぎれこんでいます。これは「万善諸行《まんぜんしょぎょう》」といわれますように、あらゆる善行を行った上に、もろもろの行を積んでいく。そして、これだけの修行をしたのだから、きっと仏に成る道が開かれるに違いない、と期待する。そういう信心のあり方です。

日本の聖道門の修行でもっとも一般的に知られているのは、おそらく比叡山延暦寺《ひえいざんえんりゃくじ》での天台宗の修行だろうと思います。ひとつには「千日回峰行《せんにちかいほうぎょう》」といって、一千日の間、行者の方がまだ夜の明けきらぬうちから起きて、比叡山の山中や京都の町中で、あらかじめ定められた場所を駆け巡ってお参りをします。しかも、夜は夜でずっと瞑想をして、心の中にいろいろな仏さまの相や、浄土のありさまを想い浮かべ観る。そういう厳しい修行です。その修行を千日成し遂げた方が阿《あ》闍梨《じゃり》さまといって、先達《せんだつ》として崇《あが》められます。また「籠山行《ろうざんぎょう》」といって12年の間、比叡山に籠《こも》りきりになる修行もあります。これらが聖道門の代表的な行だと思われます。

このような厳しい修行を実際にやっている方々がおられるのは素晴らしいことですし、尊いことです。しかし、私どものように世間の仕事をもち、家庭をもち、そしていろいろな人と交わって、その日その日を何とかしのいでいる一般人にとってみれば、そんな修行をすることなどとてもできない相談です。そして、「この厳しい修行をしなければ、お釈迦さまの教えを聞くことはできない」と言われてしまったら、ほとんどの人が仏道の門前でシャットアウトされてしまいます。

そうした万善諸行を前提とした聖道門と違って、浄土門の教えは「南無阿弥陀仏」という念仏ひとつに焦点を絞っていくわけです。「南無阿弥陀仏」とひと声称《とな》えるだけならば、どんな人にも可能です。商売をしている人が営業回りで車を運転しているときでも、信号を待ちながら「南無阿弥陀仏」と称えることができます。ご家庭で台所に立って食事を作っているときにも、お風呂に入っているときでも、「南無阿弥陀仏」とひと声称えることは誰にでもできます。「南無阿弥陀仏」というお念仏は、いつでも、どこでも、どんな人にも可能な唯一の道なのです。

ですから、「雑信」に対する「正信」というのは、聖道門の教えではなく、浄土門の念仏の教えに焦点を絞っていくということなのです。

三　「ただ念仏申す」ということ

「傍」の信心

そして、「傍に対し」という部分についてです。ここが「正信」の中心問題になります。「傍信《ぼうしん》」に対して「正信」です。つまり、念仏の信心は傍《かたわ》らにすることではないということです。では、傍らにする信心とはどういうことでしょうか。

これまで尋ねてきたように「正信」は、「外道」ではなく仏道であり、仏道の中でも聖道門ではなく浄土門の念仏の信心です。ところが、私どもの体質となっている自力《じりき》の心というものは、せっかく念仏に縁をもったにもかかわらず、念仏一つに心が定まりません。それが「傍」の信心のあり方なのです。

みなさんは、いままで「南無阿弥陀仏」と念仏申して、何か霊験《れいげん》あらたかな効果がありましたでしょうか。お内仏《ないぶつ》（仏壇）の前でお念仏申してみるけれども、心が清らかになったわけでもないし、特別に商売が繁盛したわけでもない。お念仏するのは、ご先祖への習慣みたいなものと思っている人もいるかもしれません。たしかに、いのちを恵んでくれた親や先祖の恩を思うことは尊いことです。しかし、ただ念仏申すだけでは何かもの足りないという気持ちが出てきます。それで私どもは念仏にいろいろな理屈を付け加えてしまいがちです。

親鸞聖人は『歎異抄《たんにしょう》』の第二章において、ご自分の念仏の信心をかえりみて、

親鸞におきては、ただ念仏して、弥陀にたすけられまいらすべしと、よきひとのおおせをかぶりて、信ずるほかに別の子細《しさい》なきなり。

（『真宗聖典』627頁）

とおっしゃっています。「ただ念仏申す」、このこと一つに心が定まることが大切なのだということです。「南無阿弥陀仏」と念仏申して如来の本願をたのむこと、念仏往生の本願を深く信じること、これがすべてだとおっしゃるのです。

「南無阿弥陀仏」と声を出して称えることは簡単です。一息で言えます。けれども、その「ただ念仏」ということが私どもにとって一番難しいことなのです。

「ただ念仏」の難しさ

私は一度、単純に「ただ念仏」をしてみようと、実験をしたことがあります。法然上人は一日に数万遍の念仏を申されることが日課だったといわれています が、いきなり法然上人と同じようにはできないと思ったので、私は一万遍くらいを目標にしようと思い、ただ念仏申すことにチャレンジしてみました。どうしたかというと、妻から万歩計を借りて、部屋に籠って阿弥陀如来の絵像を正面に掛けて、その前で「南無阿弥陀仏」と一声称えるたびに腕を一振りして、数を数えていきました。「ただ念仏」ですから、無心になって、ただただ念仏申すことを心がけました。しかし、だいたい百回くらい言ったころから、ちょっと顎の関節あたりが強張ってくるのです。それでも「ただ念仏だ」と思って、「南無阿弥陀仏、南無阿弥陀仏……」と続けていきました。そして五百回くらい数えたころには、「自分はいったい何をしているのか。意味のないことをやっているのではないか」という思いが起こってきました。そうした動揺する心を押さえ込み、ひたすら口を動かし手を振り続ける単純作業に心を集中しようとつとめました。しかし、千回くらいになると顎はだるくなり、口では「南無阿弥陀仏」と言っているけれども、頭の中では日ごろ考えないような邪念が渦巻いてきました。そして、とうとう千八百数回でやめてしまいました。自分の妄念妄想《もうねんもうそう》に堪えきれなくなったのです。

なんともなさけない話なのですが、別の意味では確かに効果がありました。いかに自分というものが妄念妄想の塊《かたまり》かということを如実に知らされたのです。みなさんも是非一度試されたらいいと思います。日ごろは真面目そうな顔をしていますけれども、腹の中は何を考えているのかということが、その「ただ念仏」ということに集中することによって知らされます。

それで、念仏申してみるけれども、ついつい念仏以外のことに心が逸《そ》れていってしまう。「傍信」というのは、「ただ念仏」ではもの足りないので、念仏にそれ以外のものを引っ付けて、自分にとって何か意義のあるものにしようとすることです。それが自力の心というものです。

自力の心というのは、「わがみをたのみ、わがこころをたのむ、わがちからをはげみ、わがさまざまの善根《ぜんごん》をたのむ」（『一念多念文意』）私どもの身についた根性ですから、どんなことにも「自分が」という思いがしゃしゃり出てきて、素直に、それ自体にまかせることができないのです。

そういう自力の心と区別して、南無阿弥陀仏の念仏は「他力《たりき》の念仏」であるということを示しているわけです。これが「正信」ということの中身です。「正しい信心」というものは、自力の心、私を善《よ》しとするような心からは湧き起こってきません。南無阿弥陀仏の念仏それ自体に導かれて、如来の本願をたのむ心がおこる時に初めて「正しい信心」ということが明らかになる。そういうことを蓮如上人はおっしゃっているのです。

如来回向の教え

そこで「他力の念仏」ということについて、次の言葉を紹介します。

念仏といえばいうまでもなく、言葉自体が示しているように、私どもが仏《ぶつ》を念じること、——仏に念《おも》いを係《か》ける行のことなのに違いありませんが、しかし実をいいますと念仏とは、一応仏に念いを係けることであるといいましても、実は仏から念われて仏を念うことであり、仏の私ども衆生を念う念いに帰して、仏の念う念いの中で、仏と一つに出会うこと、仏の念う念いの中で、仏と一体化して仏に目覚めることを意味する行であるのです。

(信國淳「歎異抄講話Ⅱ」、柏樹社版『信國淳選集』第2巻176頁)

大事なところに傍点をふっておきました。

私どもにとっての念仏は言うまでもなく、「南無阿弥陀仏」と申すことなのですが、その「南無阿弥陀仏」の念仏は、仏から念われて仏を念うということです。したがって「南無阿弥陀仏」の正しいすがたは、「阿弥陀仏－南無－阿弥陀仏」です。私どもが念仏申すに先だって、あるいはその根源に「阿弥陀仏－南無」と、阿弥陀仏がまず私どもに南無しておられる。私どもを信じ、信頼して、尊敬している。そういう阿弥陀仏のはたらきがあるのだということです。

ですから、一番大切なことは、「南無阿弥陀仏」と声に出して念仏申すことに先だって、その「南無阿弥陀仏」の声となってあらわれる「阿弥陀仏－南無」という阿弥陀仏そのもののはたらきにこそあるのです。その「南無阿弥陀仏」の根源にある「阿弥陀仏－南無」のはたらきを親鸞聖人は「如来回向《えこう》」と名付けられました。そして、この如来回向ということが浄土真宗、親鸞聖人の教えの中心概念になります。「浄土真宗というのはどのような教えか」と問われれば、それは「如来回向の教えです」と答えるべきなのです。

「回向」というのは「パリナーマ」というインドの言葉を翻訳したものです。もともとは「変化」とか「転換」という意味で、こちらのものを相手に「回《めぐ》らし向ける（振り向ける）」という言葉です。ですから、如来回向は回向の主体が如来なのです。すなわち如来自身が如来の心を私どもの方に転じ差し向けるという意味です。信國先生は「回向というのはプレゼントだよ」とおっしゃいました。つまり、如来回向は如来から私どもへのプレゼントといえます。その具体的なプレゼントが念仏です。そしてその念仏を信じる心もみな如来が私どもにプレゼントしているのだということなのです。

若くして逝った友人との思い出があります。彼は私と同じ石川県の出身でした。よく二人で夜遅くまで話し込むことがありました。

ある時、いつものようにお茶をいれて、「さあ、よばれまいか」と声をかけました。「よばれまいか」というのは、およばれしましょう、いただきましょう、という意味の方言です。彼は「なつかしいですね」と口もとをほころばせ、「北陸の人間は、自分が人に差し出すものでも、よばれまいかと、相手と一緒にいただくという言い方をするんですよね」と言いました。

たしかに北陸の人は、「自分が」という思いの前に、すべてが与えられたもの、いただいたものという感覚があるようです。真宗の風土が日常の言葉にまでなっているのでしょう。それは単に物だけのことではなく、いま自分として生きているいのちそのものが与えられたいのち、回向のいのちであるという生命感覚であろうと思います。

四　「南無」のひと声

南無阿弥陀仏のこころ

ここから、実際に偈文の内容について見てまいりたいと思います。

「正信偈」では一番最初に、親鸞聖人が如来からプレゼントされた念仏のこころを高らかにうたっておられます。

> 帰命《きみょう》無量寿如来《むりょうじゅにょらい》　無量寿如来《むりょうじゅにょらい》に帰命《きみょう》し、
> 南無《なむ》不可思議光《ふかしぎこう》　不可思議光《ふかしぎこう》に南無《なむ》したてまつる

この箇所について、蓮如上人が書かれた『正信偈大意』の言葉を挙げます。

「帰命無量寿如来」というは、寿命の無量なる体《たい》なり、また唐土《とうど》のことばなり。阿弥陀如来に南無したてまつれというこころなり。「南無不可思議光」というは、智慧《ちえ》の光明のその徳すぐれたまえるすがたなり。「帰命無量寿如来」というは、すなわち南無阿弥陀仏の体なりとしらせ、南無阿弥陀仏と申すは、こころをもってもはかるべからず、ことばをもってもときのぶべからず、この二つの道理きわまりたるところを、「南無不可思議光」とはもうしたてまつるなり。これを報身《ほうじん》如来ともうすなり、これを尽十方無碍光如来となづけたてまつるなり。「この如来を方便法身《ほうべんほっしん》とはもうすなり。方便と申すは、かたちあらわし御名《みな》をしめして、衆生にしらしめたまうを申すなり、すなわち阿弥陀仏なり。この如来は光明なり、光明は智慧なり、智慧はひかりのかたちなり、智慧またかたちなければ不可思議光仏ともうすなり。この如来、十方微塵《じっぽうみじん》世界にみちみちたまえるがゆえに、無辺光仏ともうす。しかれば世親《せしん》菩薩は尽十方無碍光《じんじっぽうむげこう》如来となづけたてまつりたまえり」（一念多念文意）。さればこの如来に南無し帰命したてまつれば、摂取不捨《せっしゅふしゃ》のゆえに真実報土《ほうど》の往生をとぐべきものなり。

（『真宗聖典』747－748頁）

［趣意］

「帰命無量寿如来」ということは、「南無阿弥陀仏」の阿弥陀仏が寿命の無量であることをもって、衆生を浄土に迎えいれる摂取不捨の愛そのものであることをあらわします。「帰命無量寿如来」は、インドの言葉である「南無阿弥陀仏」の心を中国の言葉に翻訳したものです。すなわち、阿弥陀如来に南無帰命して、如来の摂取不捨の心に生かされていきなさいということです。

「南無不可思議光」ということは、阿弥陀如来はその摂取不捨の愛を実現するための智慧の光明が無量であり、十方の世界のあらゆるものを照らす不可思議の光であることをあらわします。すなわち阿弥陀如来の光明は、どのようなものにも阿弥陀の愛に目覚めさせるはたらきである智慧のすがたです。

このように、「帰命無量寿如来」ということは、「南無阿弥陀仏」の心そのものを知らせる、阿弥陀如来の愛の名のりです。

「南無阿弥陀仏」と申すことは、阿弥陀如来の無量のいのちと光のはたらきを身に受けることですから、私どもの有限な心で思い考えたり、私どもの有限な言葉で説き述べることはできません。言葉も心も及ばないこの二つの道理がきわまっているので「南無不可思議光」と申しあげます。

衆生を助けるために、一如《いちにょ》のまことから形をあらわして法蔵菩薩《ほうぞうぼさつ》と名のられ、無碍のちかいをおこされたことによって、阿弥陀仏となられたので「報身如来」

といいます。大悲の誓願に報《むく》いて光の形を示すので、この如来を「尽十方無碍光如来」と名づけ申しあげます。

「南無不可思議光」である阿弥陀如来について、宗祖《しゅうそ》親鸞聖人は『一念多念文意』において次のように述べておられます。

この如来を方便法身と言います。方便ということは、形をあらわして自らの御名を示し、衆生に近づいて知らせようとされることです。すなわち阿弥陀仏のことです。この如来は光明です。光明は智慧をあらわします。智慧は光の形です。阿弥陀の智慧は色も形もないはたらきですから「不可思議光仏」と言います。この如来は十方微塵世界に充ち満ちておられますから、「無辺光仏」と言います。そういうわれがありますので、世親菩薩はこの如来を「尽十方無碍光如来」と名づけられています。

以上のことから、阿弥陀如来に南無し帰命したてまつれば、現生《げんしょう》において阿弥陀の摂取不捨の利益を身に受けますので、また当来《とうらい》の利益として阿弥陀の真実の浄土である報土への往生を果たし遂げることになるのです。

この最初の二句は、「正信偈」全体を象徴する「総讃」と呼ばれる箇所です。ここで親鸞聖人は、南無阿弥陀仏のこころそのものを「帰命無量寿如来」と表し、そのはたらきの徳を「南無不可思議光」と表されています。

ここで、よくみなさんが疑問に思われるのは、「真宗の御本尊は、単に阿弥陀仏ではなくて、南無阿弥陀仏だといわれているが、どうして阿弥陀仏の前に「南無」、「帰命」ということが付いているのだろうか」ということだと思います。

かつて、ある60歳代の方が正直に自分の気持ちをおっしゃったことがあります。「私は真宗の門徒として、何十年と毎日家のお内仏で「正信偈」のお勤めをしてきました。しかし、恥ずかしながら、その最初の「帰命無量寿如来」の「帰命」ということがどうしてもわからないのです」。大変率直なお言葉で、私もなるほどと思いました。

本願招喚の勅命

この「帰命」ということについて、親鸞聖人は『教行信証』の中で、次のように明快にお答えになっています。

「帰命」は本願招喚《しょうかん》の勅命《ちょくめい》なり。
（『真宗聖典』177頁）

「本願」というのは、『大経』の中で法蔵菩薩の四十八願として述べられた阿弥陀如来の本願のことです。「招喚」というのは「招き喚《よ》ぶ」ということです。阿弥陀如来がその本願のお心をもって、私どもを喚んでいる。それが「帰命」ということなのだとおっしゃっています。

そして、それは「勅命」だと言われています。「勅命」というのは絶対命令です。無条件に従わなければならない。ですから、「本願招喚の勅命」ということは、「阿弥陀如来がその本願をもって、私どもを招き喚んでいる。そのことは無条件に従うべきことである。それが帰命ということだ」と親鸞聖人はおっしゃっているわけです。

阿弥陀如来は「えらばず、きらわず、見すてず」と、どのようなものをも摂取不捨するという誓いを建てています。その如来の誓願を無条件に信じて、「南無阿弥陀仏」と念仏申す。そういうことが「本願招喚の勅命」といわれている「南無」のひと声です。

しかし、阿弥陀の摂取不捨の愛はどのようなものも必ず助けるのだから、自分は何をしていてもいいというような無責任なことではありません。むしろその「えらばず、きらわず、見すてず」の如来の愛の呼びかけに応じる信心を厳しく要求してくるのです。

明けても暮れても、あらゆることに注文を付け、条件を競い合っている私どもに、素直な心で、阿弥陀の愛に呼応する信心の生まれる道筋を明らかにするのが、次の法蔵菩薩の物語です。

五　法蔵菩薩の物語

因位の本願を明かす

如来が私どもを信頼し、必ず助けようと思い立っておられる。そういう、はじめに本願ありという如来の本願の義を明らかにするのが、これから尋ねていく「依経分」です。

「正信偈」を大きく二つに分けた前半部分を「依経分」といい、『大経』というお経に依りながら、仏徳を讃嘆していきます。そのうち、「法蔵菩薩因位時」から「必至滅度願成就」までの十八句は「弥陀章」と呼ばれ、阿弥陀如来の本願の義が説かれています。その初めの部分で、如来の本願が衆生のための本願であることを示すために、法蔵菩薩の物語が語られます。

法蔵菩薩《ほうぞうぼさつ》因位時《いんにじ》
在世自在王仏所《ざいせじざいおうぶっしょ》
覩見諸仏浄土因《とけんしょぶつじょうどいん》
国土人天之善悪《こくどにんでんしぜんまく》
建立無上殊勝願《こんりゅうむじょうしゅしょうがん》
超発希有大弘誓《ちょうほつけうだいぐぜい》
五劫思惟之摂受《ごこうしゆいししょうじゅ》
重誓名声聞十方《じゅうせいみょうしょうもんじっぽう》

法蔵菩薩《ほうぞうぼさつ》の因位《いんに》の時、
世自在王仏《せじざいおうぶつ》の所《みもと》にましまして、
諸仏《しょぶつ》の浄土《じょうど》の因、
国土人天《こくどにんでん》の善悪《ぜんまく》を覩見《とけん》して、
無上殊勝《むじょうしゅしょう》の願を建立《こんりゅう》し、
希有《けう》の大弘誓《だいぐぜい》を超発《ちょうほつ》せり。
五劫《ごこう》、これを思惟《しゆい》して摂受《しょうじゅ》す。
重ねて誓《ちか》うらくは、名声《みょうしょう》十方に聞こえんと。

阿弥陀仏はもともと、法蔵という名の菩薩でいらっしゃいました。法蔵菩薩は、すべての衆生を救おうと願いを発《おこ》され、世自在王仏という仏に教えを受けながら、長い間修行をされますが、この段階のことを因位と言います。菩薩の修行が完成し、この因位の本願が果たされた時、法蔵菩薩は阿弥陀仏に成られるのです。

それでは、この因位の本願を明かす段落のもとになっている『大経』の文を挙げて、該当する箇所を見ていただきたいと思います。「正信偈」の中に引かれている言葉には傍線を引いておきました。まず最初に、法蔵菩薩と世自在王仏との出会いが述べてあります。

その時に次に仏ましましき。世自在王、如来・応供《おうぐ》・等正覚《とうしょうがく》・明行足《みょうぎょうそく》・善逝《ぜんぜい》・世間解《せけんげ》・無上士《むじょうじ》・調御丈夫《じょうごじょうぶ》・天人師《てんにんし》・仏・世尊と名づけたてまつる。

（『真宗聖典』10頁）

「その時」というのは、人間の歴史のはじまりと共に多くの諸仏が法を説いてきたという仏法の永遠性をあらわす時でもありますし、また同時に、次の「時に国王あり」と説かれている、今の時でもあります。

国王に象徴されるように世間をわがもの顔に生きてきた者が、世自在王仏に出会います。世に自在である者、いつでも、どこでも自由に、本当の自分を生きることができる者である世自在王仏に出会って、国王は自分が世の本当の勝利者ではないことを思い知ります。その新しい気付きは、ただちに自分の国と国王の位をすてて、みずからを「法蔵」と名告《なの》ることとしてあらわれます。

時に国王ましましき。仏の説法を聞きて心に悦予《えつよ》を懐《いだ》き、尋《すなわ》ち無上正真道《むじょうしょうしんどう》の意《こころ》を発《おこ》しき。国を棄《す》て、王を捐《す》てて、行じて沙門《しゃもん》と作《な》り、号して法蔵と曰《い》いき。高才勇哲《こうざいゆうてつ》にして、世と超異《ちょうい》せり。

(同前)

そして、法蔵の名にふさわしい者になろうと、師の世自在王仏の前で願いを発します。「法蔵の発願」です。

世自在王如来の所《みもと》に詣《もう》でて、仏の足《みあし》を稽首《けいしゅ》し、右に繞《めぐ》ること三帀《さんぞう》して、長跪《ちょうき》し合掌して頌《じゅ》をもって讃《さん》じて曰《い》わく、（同前）

この後、「嘆仏偈《たんぶつげ》」といわれる、法蔵が師の世自在王仏の徳をたたえ、みずからも仏に成ることを願う偈文が続きます。それはここでは省略させていただきます。続いてその後の言葉です。

法蔵比丘、この頌《じゅ》を説き已《おわ》りて、仏に白《もう》して言《もう》さく、「唯然《やや》り。世尊、我《われ》無上正覚《しょうがく》の心を発《おこ》せり。願わくは、仏、我がために広く経法《きょうぼう》を宣《の》べたまえ。我当《まさ》に修行して仏国《ぶっこく》を摂取し、清浄《しょうじょう》に無量の妙土《みょうど》を荘厳すべし。我世において速やかに正覚を成らしめて、もろもろの生死《しょうじ》・勤苦《ごんく》の本《もと》を抜かしめん。」

（『真宗聖典』13頁）

仏の覚りを開きたい。それを国土としてあらわしたいと願います。これは大事な仏教の特色です。仏の覚りというものが、単なる個人の楽しみではないということです。人々と共に生きる国土、場を開く願いです。法蔵は世自在王仏にその願うべき国土のすがたを説くことを求めます。

続いて、世自在王仏は法蔵のために数知れない諸仏の国土のすがたを説き示します。

ここに世自在王仏、すなわちために広く二百一十億の諸仏刹土《せつど》の天人の善悪、国土の麁妙《そみょう》を説きて、その心願に応じてことごとく現じてこれを与えたまう。時にかの比丘《びく》、仏の所説の厳浄《ごんじょう》の国土を聞きて、みなことごとく覩見して、無上殊勝の願を超発せり。その心寂静《じゃくじょう》にして、志着《こころざしじゃく》するところなし。一切の世間に能《よ》く及ぶ者なけん。五劫を具足して、荘厳仏国《しょうごんぶっこく》の清浄《しょうじょう》の行を思惟し摂取《せっしゅ》す。

（『真宗聖典』14頁）

昔から、「弥陀も五劫の長思案」といわれるところです。親鸞聖人は『浄土和《じょうどわ》讃《さん》』において、「南無不可思議光仏（阿弥陀仏）饒王仏《にょうおうぶつ》（世自在王仏）のみもとにて　十方浄土のなかよりぞ　本願選択《せんじゃく》摂取する」とほめたたえておられます。法然上人が『大経』の異訳の経典である『大阿弥陀経』に照らし合わせて、主著の『選択本願念仏集《せんじゃくほんがんねんぶつしゅう》』の背骨である「選択本願」の思想を確かめられた箇所です。

重ねて誓う三つの誓い

この後、法蔵はみずからの願いを実現するために、四十八の具体的な願いを述べ表します。これを一般的に四十八願といっています。そして、その四十八願、すなわち本願が必ず実現するということを、三つの誓いをもって述べるのが「三《さん》誓偈《せいげ》」です。願に重ねて誓いを述べるので「重誓偈《じゅうせいげ》」ともいわれます。その冒頭の部分です。

その時に法蔵比丘、この願を説き已《おわ》りて頌《じゅ》を説きて曰《い》わく、

我《われ》、超世《ちょうせ》の願を建《た》つ、必ず無上道に至らん、この願満足せずは、誓う、正覚を成らじ。

我、無量劫《こう》において、大施主《だいせしゅ》となりて　普《あまね》くもろもろの貧苦《びんぐ》を済《すく》わず

は、誓う、正覚を成らじ。
我、仏道を成るに至りて、名声《みょうしょう》十方に超えん。究竟《くきょう》して聞《きこ》ゆるところなくは、誓う、正覚を成らじ。
（『真宗聖典』24-25頁）

今ここに取り上げた『大経』というお経の傍線を引いた部分を親鸞聖人は、いわば要約するかたちで「正信偈」にされたのです。ですから、「正信偈」を読めば、『大経』に説かれた法蔵の発願のありさまがわかるということになっています。

そして、一番大切なことは、「五劫思惟之摂受　重誓名声聞十方（五劫、これを思惟して摂受す。重ねて誓うらくは、名声十方に聞こえんと）」という言葉です。われもひとも共に生きることのできる真実の国を創りたいという願いを実現するために、法蔵は五劫の間、考えに考えを尽くされた。そして、「このことならばどんな人も、自力の心でいっぱいの私どもにも、「えらばず、きらわず、見すてず」の摂取不捨の心がきっと届くのだ」ということで思い定めて、「重ねて誓うらくは、名声十方に聞こえん」というのです。十方ですから、あらゆる世界の、あらゆる人びとに名声、すなわち南無阿弥陀仏の念仏の声がその胸のうちに行き渡るのだと誓われたということです。名号《みょうごう》、本願の念仏を中心にされたということなのです。

以上が因位の法蔵菩薩の物語です。そして、その因位の願が私ども衆生のために実現したことを説いているのが次の「果成《かじょう》の摂化《せっけ》」といわれるところです。

六　人生の道標

果成の摂化（十二光仏）

法蔵菩薩は、すべての衆生を救おうと願いを発《おこ》して修行をされます。その修行が完成し、因位の本願が実現、成就、満足して、阿弥陀仏と成って今現にはたらいておられるということを示したのが、この「果成の摂化」という箇所です。

普放無量無辺光《ふほうむりょうむへんこう》　あまねく、無量・無辺光、
無碍無対光炎王《むげむたいこうえんのう》　無碍・無対・光炎王、
清浄歓喜智慧光《しょうじょうかんぎちえこう》　清浄・歓喜・智慧光、

不断《ふだん》難思《なんし》無称光《むしょうこう》
超日月光《ちょうにちがっこう》照《しょう》塵刹《じんせつ》
一切《いっさい》群生《ぐんじょう》蒙《む》光照《こうしょう》

不断・難思・無称光
超日月光を放って、塵刹《じんせつ》を照らす。
一切の群生《ぐんじょう》、光照《こうしょう》を蒙《かぶ》る。

ここでは、如来のはたらきが光で表されます。光は無量・無辺、つまり限りなく、際限なく、どのようなものをも照らす光であるため、そのすべてを言葉で表しつくすことはできませんが、ここでは代表的な十二の光の名が挙げられており、これらを「十二光仏」といいます。

ここで特に大事なのが「清浄歓喜智慧光」という部分です。それについて蓮如上人が注釈していますので、その言葉を見ていきましょう。

「清浄光仏」というは、無貪《むとん》の善根《ぜんごん》より生ず、かるがゆえにこのひかりをもって衆生の貪欲《とんよく》を治《じ》するなり。

「歓喜光仏」というは、無瞋《むしん》の善根より生ず、かるがゆえにこのひかりをもって衆生の瞋恚《しんに》を滅《めっ》するなり。

「智慧光仏」というは、無痴《むち》の善根より生ず、かるがゆえにこのひかりをもって無明の闇《あん》を破《は》するなり。

(『正信偈大意』、『真宗聖典』749-750頁)


つまり、清浄光仏は「貪欲」、歓喜光仏は「瞋恚」、それから智慧光仏は「愚《ぐ》痴《ち》」の心を照らし出すのです。私どもは煩悩《ぼんのう》でいっぱいの身を生きています。その無量・無数にある煩悩を総括して「貪欲・瞋恚・愚痴」といい、私どもを害し、毒するという意味でこの三つの煩悩を「三毒《さんどく》」と呼びます。そして、阿弥陀の光というものは、その煩悩をはっきりと照らし出し、しかもそれを癒やし、転じるはたらきがあるのだということです。

それからもう一つ、この十二光仏のうちで大事なのは、「超日月光」です。読んで字のごとく、「日月に超える光」という意味です。「日」はお日さまの光。この地上の私ども人間を照らし、また作物を育てるお日さまの光。これは有難いものです。それから、「月」はお月さまの光。これは今日では夜中でも明るいですからあまりピンときませんが、かつては夜になったら真っ暗でした。一寸先も見えない。そういうときにお月さまが出てくれれば、昼間のようにはいかないけれども、足もとを照らしてくれる。うっかり道を踏み外して溝に落ちる心配もない。そういう意味で、昔の人にとってはお月さまの光も非常に有難いものだったのです。日月は私どもにとってどちらも有難い光ですが、心の闇を照らす阿弥陀の光には及ばない。そのことが「超日月光」という言葉で示されているのです。

行・信・証

次は、「依経分」の弥陀章における最後の部分で、如来のいわれを聞き、その光に出会ったものに念仏の信心が湧き起こる利益が述べられています。阿弥陀仏の本願に出会って念仏申すものに、いったいどういう人生が始まるのか、どういう生活が始まるのかということを三つのポイントをもって示されています。

まず最初は「真実行」です。本当の行い、何が本当に大切なことなのかということが明らかになるところです。これは『大経』の四十八願のうちの第十七願にあたるところです。次に「真実信」です。心が澄み渡り、本当にものごとがはっきりとわかってくる、見えてくるということです。これは第十八願の心です。そして三つ目が「真実証」。この与えられた人生を生きることのできる証です。その真実の証が得られる。これは第十一願に誓われていることです。以上の「行・

信・証」という三つのことが、本当の人生の道標《みちしるべ》としてはっきりしてくるのだということが述べられています。

本願名号正定業《ほんがんみょうごうしょうじょうごう》 本願の名号《みょうごう》は正定《しょうじょう》の業《ごう》なり。【真実行＝第十七願】
至心信楽願為因《ししんしんぎょうがんにいん》 至心信楽《ししんしんぎょう》の願を因とす。【真実信＝第十八願】
成等覚証大涅槃《じょうとうがくしょうだいねはん》 等覚《とうがく》を成《な》り、大涅槃《だいねはん》を証《しょう》することは、
必至滅度願成就《ひっしめつどがんじょうじゅ》 必至滅度《ひっしめつど》の願成就《じょうじゅ》なり。【真実証＝第十一願】

それでは、この部分と対応した『大経』の言葉を見ていきたいと思います。それぞれの願には、法蔵菩薩が因位の時に誓った「本願文《ほんがんもん》」と、その本願が間違いなく成就して、私どもの胸の内にまでちゃんと届いているということをお釈迦さ

まが教えておられる「成就文《じょうじゅもん》」とがあります。

まず真実行を明らかにする第十七願です。「諸仏称名《しょぶつしょうみょう》の願」と名付けられています。

【真実行】第十七願＝諸仏称名の願

《本願文》

たとい我《われ》、仏《ぶつ》を得《え》んに、十方世界の無量の諸仏、ことごとく咨嗟《ししゃ》して、我が名を称せずんば、正覚を取らじ。

（『真宗聖典』18頁）

《成就文》

十方恒沙《ごうじゃ》の諸仏如来、みな共に無量寿仏の威神功徳《いじんくどく》の不可思議なることを讃《さん》歎《だん》したまう。

（『真宗聖典』44頁）

次の第十八願を親鸞聖人は「至心信楽《ししんしんぎょう》の願」と名付けておられます。

【真実信】 第十八願＝至心信楽の願

《本願文》

たとい我、仏を得んに、十方衆生、心《しん》を至《いた》し信楽《しんぎょう》して我が国に生まれんと欲《おも》うて、乃至《ないし》十念せん。もし生まれずは、正覚を取らじ。唯《ただ》五逆《ごぎゃく》と正法《しょうぼう》を誹謗《ひほう》せんをば除く。

（『真宗聖典』18頁）

《成就文》

あらゆる衆生、その名号を聞きて、信心歓喜《かんぎ》せんこと、乃至《ないし》一念せん。心を至し回向《えこう》したまえり。かの国に生まれんと願ずれば、すなわち往生を得て不《ふ》退転《たいてん》に住す。唯五逆と誹謗正法とを除く。

（『真宗聖典』44頁）

そして、三つ目は、浄土に往生し、仏の覚りを開いていくことが定まるという、「真実証」、第十一願です。親鸞聖人は第十一願を「必至滅度《ひっしめつど》の願」と名付けておられます。

【真実証】第十一願＝必至滅度の願

《本願文》

たとい我、仏を得んに、国の中の人天、定聚《じょうじゅ》に住し必ず滅度に至らずんば、正覚を取らじ。

（『真宗聖典』17頁）

《成就文》

それ衆生ありてかの国に生ずれば、みなことごとく正定《しょうじょう》の聚《じゅ》に住す。所以《ゆえ》は何《いか》ん。かの仏国の中には、もろもろの邪聚《じゃじゅ》および不定聚《ふじょうじゅ》なければなり。

（『真宗聖典』44頁）

弥陀章の結論

私どもがこの世にいのちを受けるにあたって、お母さんの産みの苦しみも大変なことですが、私どもも大変な苦労をしているのです。頭のてっぺんに手をやってみてください。中心が少し凹《へこ》んでいるでしょう。これは頭蓋骨がもともと四つの骨でできているからなのです。私どもがお母さんのお腹の中から、いよいよこの世にいのちを受けようという時に、この四つに分かれた頭蓋骨がうまく重なって、ラグビーボールのような形になると言われています。そしてお母さんのお腹の中の狭い産道をグルグルとゆっくりと回って、この世に「オギャー」といのちを受けたのです。そして生まれてきた後、頭蓋骨はもとのように修復するわけです。その痕跡が頭の真ん中に残っているのです。

この世に生まれたということは、お母さんの産みの苦しみもあるけれども、私ども自身も大変な苦労をして生まれてきているわけです。何のために苦労をして生まれてきたのかという、いのちそのものからの声なき声の問いかけがあるのだと言えます。この世にいただいたいのちをうかうかと過ごしてしまっては、お母さんにも自分自身にも申し訳ないということです。いのちを受けるということは、本願を信じ、念仏を申して、この今生のいのちが終われば、必ず阿弥陀の浄土に往生し、仏の覚りを開くという、そのような仏に成るべき尊いいのちを受けたのだということです。それこそが私どもの人生の目標であると「正信偈」には述べられているのです。これが弥陀章の結論です。

七　「弥陀」と「釈迦」

二尊教としての浄土真宗

「正信偈」の前半部分は、お経に依って述べられる「依経分」ですが、そのうち最初が「弥陀章」、そしてその次がこれから見ていく「釈迦章」です。まずは、親鸞聖人が「正信偈」の最初に「弥陀」と「釈迦」という二つの名前を出していることの意味について考えてみたいと思います。

親鸞聖人が明らかにした浄土真宗の一番の特色は、弥陀、釈迦の二尊の教えであるということです。このことを「二尊教《にそんぎょう》」と言います。一方、それに対応する言葉として、二尊ではなくて「一尊教」という言葉もあります。おそらく真宗以外の他の仏教の多くは一尊教というかたちになっているかと思います。

おおよそどこのお寺に行っても仏像といえば、お釈迦さまの像が安置されています。もっとも、大日如来であるとか、薬師如来であるとか、ほかにもいろいろな仏像もありますが、基本的には仏教ですから、お釈迦さまが仏となって覚られた法や道理を教え伝えてきたということで、お釈迦さまが中心と言えるでしょう。

なぜ阿弥陀如来がご本尊か

ある方から「なぜ、浄土真宗のお寺にお参りに行くと、お釈迦さまではなく、阿弥陀如来がご本尊として中心にあるのか。仏教だからお釈迦さまではないのか」と質問されたことがあります。そう言われてみると不思議なことかもしれません。真宗門徒は昔から阿弥陀如来をご本尊として安置していますから、そういうものだと思っているのですが、仏教である限り、当然お釈迦さまが中心になるはずなのです。ところが、釈迦像ではなくて、阿弥陀如来像を中心にする。それは、もちろんお釈迦さまであっても構わないといえば構わないのですが、これには仏教の長い歴史の背景があるのです。

仏伝によりますと、お釈迦さまはインドのクシナガラという所で今生のいのちを終えていかれます。80歳でした。それまでずっと長い間お釈迦さまのお側に仕え、行動を共にしていた従兄弟《いとこ》の阿難《あなん》という弟子は、お釈迦さまの弱り果てたお姿を見て悲しくて仕方がなくなり、泣き悲しみます。

臨終間際のお釈迦さまは、いつも側にいた阿難がいないものですから、他のお弟子たちに阿難はどこに行ったのかを尋ねます。尋ねられた他のお弟子たちは「阿難尊者はあなたとお別れすることが悲しくて、一人泣いております」と言います。そうすると、お釈迦さまは「では、阿難をここへ連れてきなさい」と言って、阿難を呼び寄せます。そして、阿難に語るかたちで、その場にいた人たちに法を説き明かす最後の遺言をされるのです。「阿難よ、あなたは私と別れることを悲しんでくれているようだけれども、しかし、かたちあるものはすべて壊れていく。どんなに愛しいもの、大切なものであっても、およそこの世のかたちあるものは必ずいつかはなくなっていく」とおっしゃったのです。

縁起の道理

これは、仏教の基本である「縁起の道理」といわれるものです。「因縁の道理」です。すべてのことがらは、因と縁とがあい寄り集まって、一つのかたち、一つのできごとになっている。そこに別の縁が起こってくれば、まったく他のかたちに移り変わっていく。すべては因縁の道理に従っているのだということを、お釈迦さまは生涯を通して説いてくださったのです。

今日「縁起」というと、縁起が良いとか悪いという言い方をします。しかしこれは元々仏教の言葉で、縁起とは「あらゆるものは、因縁の道理によって起こり、また因縁の道理によって移ろい変わっていくものである」という、ものごとの真理や法則を表す大切な言葉なのです。

お釈迦さまはいのちを終えられるにあたって、あらためてその生涯を通して説いてこられた縁起の道理を最後に述べられたのです。そして、言葉を継がれて、「比丘たちよ、たゆまず努力せよ」とおっしゃって、息を引き取っていかれたと仏伝では述べられています。

これは、大変大事なことだと思います。かたちあるものはすべて移ろい壊れていく。しかし、「そんなことならもう何をやっても仕方がないではないか。虚《むな》しい、阿呆らしい」ということにはならないのです。「だからこそ、比丘たちよ、怠らず努力せよ。今、目の前にあるこのことに、本当にきちっと向き合いなさい」と言うのです。「今、私の目の前に起こっていること、そしてこの身、目の前にいる人、隣にいる人、それは甚深《じんじん》の因縁によって今こうして私に与えられたものである。それは移ろいゆくものだからこそ、今あることのことを本当に大切にしなさい」という教えであろうと思います。

肉体をもったお釈迦さまは今生のいのちを終えていかれました。しかし、そのお釈迦さまにかつて出会い、言葉を聞き、感動を覚え真実に目覚めていった。そのことは壊れていったわけではないのです。

三つの仏身

その後、仏弟子たちは真剣に考えました。お釈迦さまという方はいったい誰だったのか。私が出会い、この世を生きる勇気を与えてくださった方はいったい誰だったのか。お釈迦さまをしてお釈迦さまたらしめたものは、いったい何なのだろうかということを一所懸命考えたわけです。やがてそういうことが整理されて、「法身《ほっしん》」「報身《ほうじん》」「応身《おうじん》」という三つの仏身として考えられるようになりました。

「法身」というのは、法そのものが現れたすがたです。お釈迦さまが覚られた法そのものを表す時に法身と言います。

そして「報身」というのは、なぜお釈迦さまはそういう法に目覚めたのかという問題にこたえるものです。「報」というのは「報《むく》いる」という意味です。また「報《しら》せる」という意味もあります。お釈迦さまが覚りを開かれたのには、それなりのちゃんとしたわけがあるのだということです。それは、お釈迦さまにはぜひとも解決しなければならない問題があったからです。自らの煩悩に突き動かされて、自分の思いによって苦しみ悩んでいる私ども衆生がいるからです。その苦しみ悩んでいる苦悩の衆生を助けたい、救いたいという、そういう願いに応えて、報いてお釈迦さまは覚りを開かれたということが報身ということです。

三つ目が「応身」です。衆生の苦悩を解決するために覚りを開かれたことが具体的に私どもに伝わる時には、私どもと同じ目線に立って、同じ場所に身を置かなければ共感を喚び起こしません。つまり私どもと同じ人間のすがたをとって共に苦労して、そして苦労多き人生だけれども、しかし必ず目覚めていく道があるということを教え示す。そういう人間釈迦というすがたをとって表れてくるというのが応身です。

法身というのは仏法そのものを表現するものです。報身はその法が必ず私ども現実に生きている人間の苦悩に報いて表れてくる願いというものを表現していきます。そして応身は、その願いを実現するために、具体的な人となって言葉を発し、またいろいろなすがた、かたちをもって表れるという、そういう人というものを表現していきます。こういうかたちでお釈迦さまという方が誰であったのかということを仏弟子たちは考えてきたわけなのです。

このように、お釈迦さまが誰であったのかと考える中で、一つの明快な答えが見いだされました。お釈迦さまというのは、苦悩する私どもを必ず救うという「阿弥陀の本願」を説いた人なのだという答えです。もちろんお釈迦さまはいろいろな教えを説かれましたけれども、それは要するに、この現実に生きている私どもを必ず救うという、その本願の法、道理というものを説き明かした人であり、それがお釈迦さまの本心なのだという解答を見いだしたわけです。それが浄土の教えとして今日にまで伝わっているのです。

お釈迦さまとの出会いの場

釈迦章の冒頭には、はじめにお釈迦さまとは誰であったのかということが述べてあります。先ほど申しましたように、浄土真宗が、本来は仏教ですから釈迦像を安置すればいいわけですけれども、そこに阿弥陀像を安置してあるというのは、阿弥陀の本願を説いた人がお釈迦さまだという基本的な了解があって、その根本の阿弥陀像を安置することによって、ここに生きたお釈迦さまが、お釈迦さまの本当の心があるのだということを表示しているわけなのです。

もし、私どもがそうした「お釈迦さまは誰であったのか」ということがはっきりしないまま、ただお釈迦さまといっているだけだとするならば、それはご本尊に向かって手を合わせることと、博物館などに展示してある仏像、いわゆる古美術を観るのと区別がつかなくなってしまいます。「お釈迦さまはこういうお方だったのだ。お釈迦さまは私のためにこの教えを説いてくださったのだ」という、お釈迦さまと自分との関係がきっちりと結ばれることによって、初めて手を合わせるということが意味をもってくるのです。

それで、真宗のお寺やご門徒の方々が、阿弥陀如来をご本尊とし、手を合わせるということは、今現にこの苦悩多き娑婆《しゃば》世間に生きている私が、その救われる道をお釈迦さまによって教え知らされましたという、その実践的な行為をしているということなのです。何か偶像を拝んでいるわけではないのです。今ここにお釈迦さまの教えが生き活きとこの私にはたらいているという、言ってみれば私どもとお釈迦さまとの出会いの場を象徴しているのが真宗の本尊です。そこに弥陀一仏を本尊とするということの意味があるわけなのです。

そのように真宗門徒が、阿弥陀如来をご本尊とする寺の本堂や家庭のお内仏の前で手を合わせるということは、お釈迦さまの心のうちに身を置くということなのです。

八　お釈迦さまの出世本懐

出世本懐を挙げる

さて、「釈迦章」ではまず、「お釈迦さまとはいったい誰であったのか」ということが初めに取り上げられています。これを「出世本懐《しゅっせほんがい》」と申しています。

お釈迦さまがこの世にお生まれになられて覚りを開かれた「出世」の本当の願いです。私どもが娑婆世間といわれる苦労の多い所を選んで生まれてきたのには、やはり何かわけがあるのです。その今生、この世に、人として生まれたことの意味を、いわば人類の代表としてのお釈迦さまが「出世本懐」として明らかにしてくださったということです。

如来所以興出世《にょらいしょいこうしゅっせ》
唯説弥陀本願海《ゆいせつみだほんがんかい》
五濁悪時群生海《ごじょくあくじぐんじょうかい》
応信如来如実言《おうしんにょらいにょじつごん》

如来、世に興出《こうしゅつ》したまうゆえは、
ただ弥陀本願海《みだほんがんかい》を説かんとなり。
五濁悪時《ごじょくあくじ》の群生海《ぐんじょうかい》、
如来如実《にょじつ》の言《みこと》を信ずべし。

ここは、親鸞聖人ご自身が『尊号真像銘文《そんごうしんぞうめいもん》』という著書に詳しくそのこころを述べておられます。

「如来所以興出世」というは、諸仏の世にいでたまうゆえはともうすみのりなり。「唯説弥陀本願海」ともうすは、諸仏の世にいでたまう本懐《ほんがい》は、ひとえに弥陀の願海一乗《がんかいいちじょう》のみのりをとかんとなり。しかれば、『大経』には、「如《にょ》

来所以《らいしょい》　興出於世《こうしゅつおせ》　欲拯群萌《よくじょうぐんもう》　恵以真実之利《えいしんじつしり》」とときたまえり。如来所以興出於世は、如来ともうすは、諸仏ともうすなり。所以というは、ゆえというみことなり。興出於世というは、世に仏いでたまうともうすみことなり。欲拯群萌は、欲というは、おぼしめすとなり。拯は、すくわんとなり。群萌は、よろずの衆生をすくわんとおぼしめすとなり。仏の世にいでたまうゆえは、弥陀の御《おん》ちかいをときてよろずの衆生をたすけすくわんとおぼしめすとしるべし。「五濁悪時群生海　応信如来如実言」というは、五濁悪世のよろずの衆生、釈迦如来のみことをふかく信受《しんじゅ》すべしとなり。

（『真宗聖典』531頁）

［趣意］

「如来所以興出世」ということは、三世十方の諸仏が世にお出ましになられた本意は真実の法を説くことにあるということです。

「唯説弥陀本願海」ということは、釈迦をはじめとする無量の諸仏の出世の本懐は、ひとえに阿弥陀の願海一乗の法を説くためなのです。それは、五逆・謗《ほう》法《ぼう》・一闡提《いっせんだい》といわれる者をこそ救うために、広く果てのない、深く底のない大海のように、どのような者をも大慈摂取《だいじせっしゅ》・大悲不捨《だいひふしゃ》の心の光の中に照らし出し、本心に目覚めさせる真実の法です。

その「出世本懐」を『大経』には、「如来所以　興出於世　欲拯群萌　恵以真実之利」と説かれています。「如来所以興出於世」の「如来」とは釈迦・諸仏のことです。「所以」とは、深いわけがあるということです。「興出於世」とは、世に仏がお出ましになるということです。「欲拯群萌」の「欲」とは、その仏の出世の本意である深い思い立ちです。「拯」は、仏が自ら、手ずから衆生を救おうとすることです。「群萌」は、お互いに煩悩と煩悩をからませ合いながら生きているあらゆる衆生です。仏が世にお出ましになるには深いわけがあるのです。それは阿弥陀の本願の誓いを説き明かして、煩悩具足の凡夫《ぼんぶ》であるもろもろの衆生を救おうと思い立たれたからだと知るべきです。「五濁悪時群生海　応信如来如実言」ということは、そうした五濁悪世のもろもろの衆生は、今こそ真実の利益を恵む釈迦如来のお言葉を深く信じて、受け取ってほしいということです。

続いて、蓮如上人の注釈もご覧ください。

「如来所以興出世　唯説弥陀本願海　五濁悪時群生海　応信如来如実言」というは、釈尊出世の元意《がんい》は、ただ弥陀の本願をときましまさんがために、世にいでたまえり。五濁悪世界の衆生、一向に弥陀の本願を信じたてまつれ、といえるこころなり。

（『真宗聖典』751頁）

「正信偈」のここの四句は、前半の「如来所以興出世　唯説弥陀本願海」と後半の「五濁悪時群生海　応信如来如実言」が鏡のように対句になっています。この場合の「如来」というのは釈迦・諸仏を指す言葉です。前半では「お釈迦さまに代表される無量の諸仏如来が娑婆世間に出世されたわけは、ただ阿弥陀の本願海を説こうと思い立たれたからである」と書かれています。「世に興出する」というのは、娑婆世間に生まれることをいっているのですが、その娑婆世間のことを後半で「五濁悪時」だと書いてあります。私どもがいのちを受けているこの世間というものは、「五濁悪時」と呼ばれる世間なのだということが述べられているのです。

五つの濁り

「五濁」というのは、『仏説阿弥陀経《ぶっせつあみだきょう》』というお経に詳しく説かれています。

「五つの濁《にご》り」ということです。何が濁っているかというと、世の濁りですが、それはその世間を作り出している私どもの心が濁っているということなのです。

「濁り」とは、煩悩の問題について言っています。普段はおだやかにすごしているようでも、いったん煩悩が湧き出してくると、前後の見境もなく目が眩《くら》んでしまうようなことがあります。いったん煩悩が吹き荒《すさ》ぶと、心が濁りきってしまいます。そうすると、目の前にあることも平気で蹴散らすようなことをやってしまいます。仏教では、そのような濁りを五つ挙げます。

まず、「劫濁《こうじょく》」です。「劫」というのは時間を指す言葉ですから、時代の濁りということです。ある状況になると、一人ひとりの気持ちや心がけを押し流すようにして、時代社会というものが滔々《とうとう》と圧倒的な力をもってはたらくということがあります。そういう時代社会の濁りということです。

二つ目が「見濁《けんじょく》」です。「見」というのは見解、つまり私どもの「考え」のことをいう言葉です。私どものものの考え方が濁っている。どう濁っているかというと、「自分さえよければ」という濁りです。そのような私どもの片寄った考えの濁りです。

三つ目は「煩悩濁《ぼんのうじょく》」です。具体的には先に少しふれましたが、「貪欲・瞋恚・愚痴」という「三毒」の煩悩です。怒り、腹立ち、嫉《そね》み妬《ねた》む心が縁さえあれば噴き出してくる。それまでにこやかにしていても、まったく間に合わない。そういう煩悩の濁りというものです。

四つ目が「衆生濁《しゅじょうじょく》」です。「衆生」とは、単なる個人ではないということです。いのちの事実はわれわれもひとも共になのです。私どもは甚深の因縁に結ばれて「共に在る」のです。その共なる世界にあって、お互いに煩悩と煩悩とをからませ合っていますから、自分一人が行いを澄ましていても間に合わないわけです。

そして、五つ目が「命濁《みょうじょく》」です。これが今、私どもにとって一番厳しい問題でしょうか。いのちの問題です。私どもが今現に生きているこのいのちはみな、お母さんのお腹のなかから「オギャー」と生まれてきたいのちです。わけもなく生まれたわけではない。この世にいのちを受けたということは、いのちそのものに具《そな》わっている尊い願いがある。そのことを明らかにされたのがお釈迦さまです。

しかし、残念ながら今日の私どもの多くは、自分のいのちは自分のものだと思っています。だから、それをどう使おうと私の勝手ではないかという、いわばいのちを私有化していると言えます。与えられたいのちであるということがまったくわからなくなってしまっているのではないでしょうか。今日の私どもはそういう大変な問題に直面しています。仏教はいのちの願いを見失っていることを象徴的に、人のいのちが短くなっているといいます。

これらの濁りがこの娑婆世間というものの偽らざる姿だということを「五濁悪時」という言葉で表しています。

本願海と群生海

ここでは、「本願海」という言葉に対応して、「群生海」という言葉があります。同じ「海」という言葉が使われています。五濁悪時のなかで、濁りきっている私どもを救いたいという阿弥陀如来の願い、その本願は海のように広く深いということを表しているのです。また、その如来の願いと対応する現実として、五濁悪時の私どものすがたというものは、どこまでも果てのない自己中心的な心の中に沈みきっているということです。そういう仏の願いの深さと私どもの迷いの深さというものが清らかな鏡にあらゆるものが曇《くも》りなく映るように、あい呼応しているということです。その仏と衆生の関係を、この二つの「海」という言葉を使って表しているわけなのです。

親鸞聖人は阿弥陀の智慧と衆生の煩悩との関係を、

無碍光《むげこう》の利益より
威徳《いとく》広大の信をえて
かならず煩悩のこおりとけ
すなわち菩提《ぼだい》のみずとなる
罪障《ざいしょう》功徳の体となる
こおりとみずのごとくにて
こおりおおきにみずおおし
さわりおおきに徳おおし

（『高僧和讃』、『真宗聖典』493頁）

と高らかに詠《うた》いあげています。

そうした煩悩具足の凡夫のために、「どのようないのちも必ず尊いいのちとして生きることができるのだ」ということを説き明かしたのが阿弥陀の本願であり、その法を説くことがお釈迦さまの「出世本懐」であるということです。そして、五濁悪時の群生海だからこそ、釈迦如来のまことの言葉を信じましょうと呼びかけているわけです。

九　二種深信

親鸞聖人と「海」

底の知れないほど深く、果てのないほど広い海にたとえて、仏の智慧と慈悲のきわまりのないことを親鸞聖人は、「智慧海《ちえかい》」、「大宝海《だいほうかい》」、「清浄智海《しょうじょうちかい》」、「一乗海《いちじょうかい》」、「本願海」などと言い表しておられます。そのような仏の広い大きな心のはたらきは、ひとえに「群生海」と言われる苦悩の衆生のためです。海にたとえられる仏の心にあい応じるように私ども衆生と呼ばれる者も、果てなく無量無辺なのです。生死の迷いは深く、もうこれでよいという際がありません。そのような衆生を必ず助けとげようと誓う阿弥陀如来の心を親鸞聖人は、「悲引群生海（如来は南無阿弥陀仏と本願をたのむ者を摂取して見すてない）」と示されます。海のたとえにおいて、阿弥陀如来の心と私どもの身の事実が一つに出会うすがたです。

親鸞聖人が海のたとえを大事にされるのは、やはり越後《えちご》の国（新潟県）に流罪《るざい》になったことが大きく影響していると思います。冬の時期に、聖人が流されたと伝えられている居多ヶ浜《こたがはま》の海辺に立ってみるとわかりますが、降りしきる雪の中で、冬の日本海の荒波がいつ果てるともなく沖から打ち寄せてきます。人間の営みのまったく無力であることを知らされる気がします。しかしまた、その荒海も季節がめぐってくれば、豊かな海の幸をはこぶ恵みの海となります。雪国は「待つ」ということを教えてくれる自然の教室です。親鸞聖人は越後での海を見つめる生活を通して、自分の思いや都合を打ち砕く厳しさと、しかもやがてそのまま恵みに転じる自然の大いなるはたらきを実感したのだろうと思います。そのような海の実感がやがて人として生きる姿勢に結実して、「本願海」、「群生海」という言葉になったのではないかと思います。そのことに関連して、ここでは「二種《にしゅ》深信《じんしん》」についてお話しいたします。

「機の深信」と「法の深信」

「二種深信」は「機法《きほう》二種深信」と呼ばれています。「機」とは、私どもの生きるすがたを表す仏教の言葉です。「法」とは、仏法の「法」のことです。煩悩しか持ち合わせていないのが、偽りのない私ども人間のすがたです。その煩悩の身を契機として、煩悩具足の私どものために説き明かされるのが如来の本願です。ですから、「機」と「法」というのは、いわばお互いにあい照らし合うもの、あい応じるものなのです。

もともとこの言葉は中国の善導大師（613〜681）の教えにある言葉です。次のように述べられています。

「二者深心《にしゃじんしん》」。「深心」と言うは、すなわちこれ深信《じんしん》の心なり。また二種あり。一つには決定《けつじょう》して深く、「自身は現にこれ罪悪生死《ざいあくしょうじ》の凡夫《ぼんぶ》、曠劫《こうごう》より已来《このかた》、常に没《もっ》し常に流転《るてん》して、出離《しゅつり》の縁あることなし」と信ず。二つには決定して深く、「かの阿弥陀仏の四十八願は衆生を摂受《しょうじゅ》して、疑いなく慮《おもんぱか》りなくかの願力に乗じて、定《さだ》んで往生を得《う》」と信ず。

（『観経疏』、『教行信証』「信巻」所引、『真宗聖典』215-216頁）

「一つには」のところが「機の深信」、「二つには」の方が「法の深信」といわれる言葉です。

特に大切なのは、一つ目の「機の深信」といわれるものです。五濁悪時の群生海のすがたが述べてあります。「自身は現にこれ罪悪生死の凡夫、曠劫より已来、常に没し常に流転して、出離の縁あることなし」。逆立ちをしても助かりようのない、そのような罪悪深重の身を生きているのだということが述べられています。その我が身の事実が真実に照らされ、教えられて、本当にそうだとわかった時に、だからこそ、その煩悩を具足し、深重の罪悪を造らないでは生きていくことのできない私どもを助けるための本願の法がはっきりする。そういう意味で、この「機の深信」と「法の深信」ということがあい応じているわけなのです。

「深信すべし」「深信せよ」

さらに、親鸞聖人はこの善導大師の言葉を受けて、次のように言われています。

「二には深心、深心と言うはすなわちこれ深信の心なり。また二種あり。一には決定して「自身は現にこれ罪悪生死の凡夫、曠劫より已来常に没し常に流転して出離の縁あることなし」と深信すべし。二には決定して「かの阿弥陀仏の四十八願、衆生を摂受したまう、疑いなく慮なくかの願力に乗ずれば定んで往生を得」と深信せよとなり。」

（『愚禿鈔』下、『真宗聖典』439頁）

善導大師の言葉とほとんど同じですが、傍点をふった部分がもとの善導大師の言葉と異なります。語尾が「深信すべし」、「深信せよ」という言い方になっているのです。

つまり、親鸞聖人は善導大師の言葉を、我が身への教えとして受け取られたということです。私、親鸞に「深信すべし」、「深信せよ」と呼びかけている、善導大師からの尊い教えの言葉だと受け取られたのです。

さらに、『歎異抄』の後序では次のように言われています。

聖人のつねのおおせには、「弥陀の五劫思惟の願をよくよく案ずれば、ひとえに親鸞一人がためなりけり。されば、そくばくの業をもちける身にてありけるを、たすけんとおぼしめしたちける本願のかたじけなさよ」と御述懐《ごじゅっかい》そうらいしことを、いままた案ずるに、善導の、「自身はこれ現に罪悪生死の凡夫、曠劫よりこのかた、つねにしずみ、つねに流転して、出離の縁あることなき身としれ」という金言に、すこしもたがわせおわしまさず。

(『真宗聖典』640頁)

ここでの受け止めは、さらにもう一歩進んでいます。「聖人のつねのおおせには」というのは、「親鸞聖人がいつもおっしゃっておられたことは」ということです。「弥陀の五劫思惟の願をよくよく案ずれば、ひとえに親鸞一人がためなりけり」。これは、「如来の本願はまことに、煩悩の尽きることのない私、親鸞一人のための五劫の長思案であった」と、しみじみと言われていたというわけです。

さらに、「されば、そくばくの業をもちける身にてありけるを」というのは「機の深信」を指します。今は穏やかな顔をしているけれども、次の瞬間には何をしでかすかわからない。そのような数えきれない煩悩、罪業をもったこの身であるということです。その我が身を「たすけんとおぼしめしたちける本願のかたじけなさよ」。これは「法の深信」を表しているわけです。

このように親鸞聖人はいつも、善導大師の「機法二種深信」ということを我が身に引き当てておっしゃっておられたというわけです。そして、『歎異抄』の著者の唯円《ゆいえん》は、その親鸞聖人の常の仰せを今あらためて憶い起こしてみると、それはまったく善導大師の「自身はこれ現に罪悪生死の凡夫、曠劫より已来、常に没し常に流転して、出離の縁あることなき身としれ」という真実の言葉と寸分違わぬ、親鸞聖人の尊い教えの言葉であったと述べているわけです。

自分自身が知らされる

ここで注意していただきたいのは、唯円が善導の言葉として取り出しているのは、「機法二種深信」の言葉でいえば「機の深信」の部分だけです。「自身はこれ現に罪悪生死の凡夫、曠劫より已来、常に没し常に流転して、出離の縁あることなき身としれ」。これは「機の深信」を表す言葉です。では、「法の深信」はどこにいったのかということです。

『歎異抄』の後序の二種深信の言葉には大きな特色があります。傍点で注意しましたように、「身としれ」という言葉が付いているのです。「罪悪深重煩悩熾《ざいあくじんじゅうぼんのうし》盛《じょう》」の者をこそ目当てとして、必ず助けるというその「法の深信」、如来の本願のこころは「身としれ」という言葉のところにすべて込められているわけです。如来の本願を単に話としてではなく、まことにその通りであったと受け取るのは

「この身」だということなのです。

曽我量深《そがりょうじん》先生（1875～1971）は、かつてこのことを「法の深信から機の深信を開いて、その機の深信の中に法の深信をおさめた」（東本願寺出版発行『歎異抄聴記』）と教えられました。

浄土真宗は「機の深信」に極まるのです。自分自身が知らされるということ、我が身がはっきりするということに真宗の信心というものの焦点があるということです。「正信偈」の「釈迦章」の冒頭に釈迦出世の本懐は、阿弥陀如来の本願を説き明かすことであったと述べられています。それは、すなわち我が身の事実を知るということだと教えられているのです。

十　煩悩を断ぜずして涅槃を得る

信心の利益を挙げる

真宗における信心というものは、我が身を教えられ、知らされて知ることに尽きるのです。そして「正信偈」では、この後にその信心の利益について述べられています。

> **能発《のうほつ》一念《いちねん》喜愛心《きあいしん》**
> **不断《ふだん》煩悩《ぼんのう》得《とく》涅槃《ねはん》**
>
> よく一念《いちねん》喜愛《きあい》の心を発《ほっ》すれば、
> 煩悩《ぼんのう》を断ぜずして涅槃《ねはん》を得《う》るなり。

この「煩悩を断ぜずして涅槃を得る」というのは、真宗の教えの一番の中心をなすものです。

「涅槃」というのは「灯火の消えること」（東本願寺出版発行『改訂 大乗の仏道』24頁）を表す言葉です。ですから涅槃は、煩悩の火が消されて覚りに至ることです。仏教の基本的な考えからしますと、煩悩を滅し、断ち尽くして、初めて覚りの境地である涅槃に至ります。しかし、ここでは如来の本願を明らかにするなかで、「煩悩を断ぜずして涅槃を得る」という、仏教の基本から考えると、驚いてしまうようなことが書かれているわけなのです。

そのことについて蓮如上人は、次のように言われます。

「能発一念喜愛心」というは、一念歓喜《かんぎ》の信心を申すなり。
「不断煩悩得涅槃」というは、不思議の願力なるがゆえに、わが身には煩悩を断ぜざれども、仏のかたよりはついに涅槃にいたるべき分《ぶん》にさだめましますものなり。

（『正信偈大意』、『真宗聖典』751頁）

「わが身には煩悩を断ぜざれども」というのは、「機の深信」を言っています。煩悩具足の凡夫といわれる、煩悩を欠け目なく具えているのがこの我が身の現実であるという「機」の事実と、仏の境界である「法」のはたらきとに、きっちりと区別が付けてあるわけなのです。

称名正定業

私どもの事実からすれば、この身のある限り、煩悩を離れることはできません。凡夫の身と仏の覚りの世界との間には絶対の深淵《しんえん》があります。多くの人々がこの深淵の前にたたずんできました。

「智慧の法然房」といわれた法然上人（1133〜1212）もそうでした。法然上人の回心について、上人自身が次のように語られたと伝記に述べられています。

法相《ほっそう》・三論《さんろん》・天台《てんだい》・華厳《けごん》・真言《しんごん》・仏心《ぶっしん》（禅）の諸大乗の宗、あまねく学し、ことごとく明らむるに、入門は異なりといえども、みな仏性《ぶっしょう》の一理を悟り顕《あらわ》すことを明かす。所詮は一致なり。法は深妙《じんみょう》なりといえども、我が機すべて及びがたし。

（伝・聖覚『黒谷源空上人伝〔十六門記〕』）

一代仏教に通暁《つうぎょう》した法然上人でしたが、身の事実の前で立ちつくすしかなかったのです。一切衆生に仏性、つまり仏になるべき因はそなわっているということが仏教の核心であるにもかかわらず、「我が機（凡夫の身）及びがたし」と言わざるを得ませんでした。

気が付けば、43歳です。人生50年という時代にあっては十分老年です。人々からは智慧第一の法然房とほめそやされていても、結局単なる仏教の物知りで終わってしまうのか、という無念の心をいだきながら、比叡山の経蔵《きょうぞう》に籠ったのです。おそらくこれが最後と決意しておられたのでしょう。

空しく一生を過ぎていく悲歎をいだきながら、あらためて釈尊の教えのすべてを収めた一切経を読み直した時に、中国の善導大師の念仏の勧めの言葉が目に飛び込んできました。

一心専念《いっしんせんねん》弥陀名号《みだみょうごう》、行住座臥《ぎょうじゅうざが》、不問時節久近《ふもんじせつくごん》、念念不捨者《ねんねんふしゃしゃ》、是名正定之業《ぜみょうしょうじょうしごう》。順彼仏願故《じゅんぴぶつがんこ》。

（『観経疏』「散善義」）

［趣意］

ひとすじに「南無阿弥陀仏」と阿弥陀の名を称《とな》え、ねても、さめても、起きていても、静かにしていても、時や所をえらばずに、阿弥陀の本願を念《おも》い起こせば、まちがいなく往生が定まる。なぜなら、その称名念仏こそ、かの阿弥陀仏の選択本願に素直にしたがう行だからである。

この称名正定業の文によって、法然上人は南無阿弥陀仏の人となりました。上人の伝記は続いて次のように記しています。

歓喜のあまりに聞く人なかりしかども、予《よ》がごときの下機《げき》の行法《ぎょうほう》は、阿弥陀仏の法蔵因位《いんに》の昔、かねて定めおかるるやと、高声《こうしょう》に唱えて、感悦髄《かんえつずい》に徹《とお》り、落涙千行《らくるいせんぎょう》なりき。

（前出、『十六門記』）

煩悩具足の凡夫のために、阿弥陀如来は法蔵菩薩の因位に立ち帰って、選択摂取《せんじゃくせっしゅ》の誓願を起こしたのです。身はあいも変わらない煩悩いっぱいの身ですが、その煩悩の真っ只中に、如来の本願を信じる信心がひとたび回向され、発起するならば、仏の方から「必ず助ける」と、「いのち終われば浄土に迎えとり、仏の覚りを開く」と、私どもに呼びかけられているということです。

よく混同されるのですが、「不断煩悩得涅槃」と、他宗などでいわれる「即身《そくしん》成仏《じょうぶつ》」ということとは違うのです。煩悩具足の凡夫がこの身のままで（即身）仏に成る（成仏）ということではありません。この身は煩悩の身なのです。その煩悩の身に一念喜愛の信心というものが与えられるならば、いまはまだ煩悩の身であるけれども、仏の方から必ず信心を因として仏に成る道が開けるのだということが保証される、確証されるということです。それで「不断煩悩得涅槃」といわれるのです。

現当二益

真宗の専門的な言い方で恐縮ですが、信心の利益について、昔からこの「能発一念喜愛心」のところを「現益《げんやく》」と申しています。「現益」というのは、この現在、ただ今、五濁悪時の群生海の真っ只中での利益を表す言葉です。それから「不断煩悩得涅槃」は「当益《とうやく》」といいます。「当」とは、当《まさ》に未来において受けるべき利益ということです。これら「現益」と「当益」をあわせて「現当二益《げんとうにやく》」と申します。

宮城顗《みやぎしずか》先生（1931～2008）の文章の中に、ドイツの哲学者ハイデガー（1889～1976）の「帰郷」をテーマにした作品（『ヘルダーリンの詩の解明』）を紹介され、その二益のことをたとえたものがあります。私自身のことでいえば、私の故郷は石川県の金沢です。現在はかなり変わってしまいましたが、それでもやはり金沢駅に降り立てば、まだ我が家には着いていないけれども、懐かしい故郷の空気や金沢弁が聞こえ、「ああ、帰ってきたな」と思うわけです。

この身は娑婆にいますから煩悩の真っ只中です。しかし、ひとたび一念喜愛の信心を得るならば、故郷の駅に帰ったようなものです。まだ我が家には辿り着いていないけれども、そこにはすでに故郷の空気や手触りをしっかりと感じ取ることができる。これが現益です。そして、そこからゆっくりと歩みを進めていけば、「ただいま」と言って我が家に帰っていくことができる。これが当益です。宮城先生はそのようなたとえで現益、当益ということをおっしゃっています。

身はこの世にあって煩悩の身であるが、阿弥陀の心を信心としていただくことができれば、必ずこの今生の苦労多き人生を終えた時に、如来の本国、如来の故郷の家に帰ることができるという確証を今、現在に得るということなのです。

現生正定聚

「現生正定聚《げんしょうしょうじょうじゅ》」、または「現生不退《ふたい》」という浄土真宗の根幹を表す言葉があります。この現生において正定聚に至る。今は煩悩の身であるが、やがていのち終えた時に本願の信心の道理として必ず涅槃、仏の覚りを開くのだという確証が得られたということです。また現生不退というのも同じく、この現生において仏道という一筋の道を歩むという、人生を生きる姿勢がはっきりしたということです。これが浄土真宗の信心のすがた、一番重要な概念になります。現当二益を表す「能発一念喜愛心　不断煩悩得涅槃」という言葉で、浄土真宗の根幹である「現生正定聚」、「現生不退」が表現されているのです。

そこで、「現生正定聚」、「現生不退」という浄土真宗の信心の境地がどのような心境であるかということを、このあといくつかの利益として述べられています。たまに浄土真宗にはご利益がないとおっしゃる方がおられますが、とんでもない誤解です。立派な利益があります。ただしそれは、私どもの欲望を満たすような、自分の思い通りになるといった都合の良い利益ではありません。病気が治ったり、金持ちになったり、そのようなことも切実な願望かもしれませんが、本当の利益ではありません。もっと大切なご利益があるのです。阿弥陀の本願は「真実の利」を恵むのです。「自分が自分になる」（二階堂行邦《にかいどうゆきくに》『自分が自分になる』東本願寺出版発行）という人生の一大事の利益があるのです。

十一　信心の利益

えらばず　きらわず　見すてず

ここからは信心の利益ということについて、いくつか代表的なものが挙げられます。

凡聖逆謗斉回入《ぼんしょうぎゃくほうさいえにゅう》　凡聖《ぼんしょう》、逆謗《ぎゃくほう》、ひとしく回入《えにゅう》すれば、
如衆水入海一味《にょしゅしいにゅうかいいちみ》　衆水、海《うみ》に入《い》りて一味《いちみ》なるがごとし。
摂取心光常照護《せっしゅしんこうじょうしょうご》　摂取《せっしゅ》の心光《しんこう》、常に照護《しょうご》したまう。
已能雖破無明闇《いのうすいはむみょうあん》　すでによく無明《むみょう》の闇《あん》を破《は》すといえども、

貪愛瞋憎之雲霧《とんないしんぞうしうんむ》
常覆真実信心天《じょうふしんじつしんじんてん》
譬如日光覆雲霧《ひにょにっこうふうんむ》
雲霧之下明無闇《うんむしげみょうむあん》

貪愛《とんない》・瞋憎《しんぞう》の雲霧《うんむ》、
常に真実信心の天に覆《おお》えり。
たとえば、日光の雲霧に覆わるれども、
雲霧の下《した》、明らかにして闇《くら》きことなきがごとし。

最初の「凡聖逆謗斉回入　如衆水入海一味」の部分は、「転悪成善《てんあくじょうぜん》の益《やく》」と呼ばれます。これがまず一つです。

次に「心光常護《しんこうじょうご》の益」があります。初めに「摂取の心光、常に照護したまう」とあります。これは如来の摂取不捨の心を表す言葉です。「えらばず、きらわず、見すてず」。これが如来の摂取不捨の心です。これは前大谷専修学院長・竹中智秀《たけなかちしゅう》先生（1932～2006）の言葉です。竹中先生は次のように言われています。

如来の摂取不捨（えらばず、きらわず、見すてず）の心を学び、真実、自分自身のしたいこと、しなければならないこと、できることを、他人とくらべず、あせらず、あきらめず、していこう

「摂取不捨」と漢字で書くと難しいですが、「えらばず、きらわず、見すてず」と書けば、易しく聞こえます。しかし、いざ我が身に行おうとするとこんなに難しいことはないのです。

私どもの日ごろの心というのは、まったく逆の「えらび、きらい、見すてる」心しか持ち合わせていないわけです。ですから、この「えらばず、きらわず、見すてず」というのは、如来の摂取不捨、本願の心を表すものです。どのようなも

のをも「えらばず、きらわず、見すてず」、必ず摂《おさ》め取る。これが阿弥陀如来の心だというのです。私どもに託された課題は、「はい」と返事をして、如来の懐《ふところ》に入るということでしょう。伝統的な言葉で「信の一念」といわれます。

大事なことは、どのようなものをも必ず助けるという如来の本願の心にふれたものは、「真実、自分自身のしたいこと、しなければならないこと、できることを、他人とくらべず、あせらず、あきらめず、していこう」という後半の言葉です。

「えらばず、きらわず、見すてず」の如来のお助けにあずかって、ありがたい、やれやれと腰をおろして、自分の心の気持ちよさに眠りほうけてしまうのは、本当の救いではないということです。如来の摂取不捨の心にふれたからこそ立ち上がるのです。日々の生活では大変なことが次から次と起こってくるわけですが、そこから逃げず、目をそらさず、目の前のことに一つひとつきちんと向き合う。

そして、解決しなければならないことは努力して解決していこうとする。真っ当な人間としての生活がここから始まるということを教えているのです。

この「心光常護の益」のところで、如来の「えらばず、きらわず、見すてず」の摂取不捨の心にふれたことを、お日さまのたとえで述べられています。このたとえは、恐らく親鸞聖人独自のたとえだと思われます。貪欲、瞋恚、または愛着の煩悩の雲霧によって、信心の天が覆われている。しかし、どんなに雲が厚くても、夜が明ければすでにお日さまは出ている。だからお日さまは、直接は見えなくても、雲を通したお日さまの光のもとで私どもは日暮しをすることができるのです。

阿弥陀如来の「えらばず、きらわず、見すてず」と呼びかけている摂取不捨の心は、いつでも、どこでも、誰にでもはたらいて照らし出していると説かれています。ただ問題は、その如来の光に向かって、「えらばず、きらわず、見すてず」

と、私どもへ向けられた如来の温かい心の光に向かって、私ども自身が顔を上げるかどうかです。信心の大地に立って、高く仏天を仰ぐ人となることは、私ども一人ひとりにまかされている問題です。

そして「南無阿弥陀仏」と念仏申して、顔を上げた人の喜びが次の言葉です。心に喜びが満ちるということで、「心多歓喜《しんたかんぎ》の益」といいます。

獲信見敬大慶喜《ぎゃくしんけんきょうだいきょうき》
即横超截五悪趣《そくおうちょうぜつごあくしゅ》

信を獲《う》れば見て敬《うやま》い大《おお》きに慶喜《きょうき》せん、
すなわち横に五悪趣《ごあくしゅ》を超截《ちょうぜつ》す。

「五悪趣」というのは、「地獄《じごく》・餓鬼《がき》・畜生《ちくしょう》・(修羅《しゅら》)・人《にん》・天《てん》」の迷いの境界のことをいいます。そうした大変な迷いのなかにあっても、如来の摂取不捨の心をしっかりと受け止めていく人は、迷いの境界を悠々と乗り越えていくことができるといわれています。

分陀利華と名づく

信心の利益の最後が「諸仏称讃《しょぶつしょうさん》の益」です。そうした念仏の人を、無量の諸仏たちが日向《ひなた》になり陰になり、温かく見守っているという利益です。

一切善悪凡夫人《いっさいぜんまくぼんぶにん》
聞信如来弘誓願《もんしんにょらいぐぜいがん》
仏言広大勝解者《ぶつごんこうだいしょうげしゃ》
是人名分陀利華《ぜにんみょうふんだりけ》

一切善悪《ぜんまく》の凡夫人《ぼんぶにん》、
如来の弘誓願《ぐぜいがん》を聞信《もんしん》すれば、
仏《ぶつ》、広大勝解《こうだいしょうげ》の者《ひと》と言《のたま》えり。
この人を分陀利華《ふんだりけ》と名づく。

善い人、悪い人、いろいろな人がいます。しかしみな、欠け目なく煩悩を具えたものであるということは間違いのない事実なのです。その煩悩具足の凡夫人が、ひとたび「南無阿弥陀仏」の念仏をもって如来の摂取不捨の心に目覚めれば、釈尊をはじめ諸仏たちはその人を「広大勝解の者」、あるいは「分陀利華」とほめたたえるということです。

「分陀利華」というのは、インドの「プンダリーカ」という言葉を音写したもので、「蓮華《れんげ》（白蓮華）」を意味します。蓮華は、仏の覚りを象徴するもので、『妙法蓮華経《みょうほうれんげきょう》（法華経《ほけきょう》）』がよく知られています。浄土真宗でも、念仏の信心に生きる人を蓮華にたとえます。

ただし浄土真宗では、見事に咲いた華の方よりも、この蓮華を咲かせる泥田《どろた》に注目します。初夏になると、あちこちで蓮華が見事に咲きほこります。その見事な蓮華の下にあるのは泥田です。冬の間、泥田はじっと蓮華の根を守り育てます。蓮華も泥田に身をうずめて時を待ちます。やがて季節が巡ってくれば茎を伸ばして大輪の華を咲かせます。

泥田というのは私どもの煩悩を象徴しています。悪業煩悩の泥田にこそ如来の本願が南無阿弥陀仏の信心の種をおろすのです。そして蓮華は時節、季節が至れば茎を伸ばし、大輪の華を咲かせるように、念仏の信心の人も時が満ち来たって、「えらばず、きらわず、見すてず」の如来の本願に応ずる大輪の華を咲かせる。その泥田にあって時を待つ信心の種を親鸞聖人は大切になさったようです。

それで、その一切善悪の凡夫人がひとたび如来の本願に目覚めたならば、それはその泥田の中にあって必ず華を咲かせるべき蓮華のような人だとおっしゃっているわけです。

難を挙げて信を勧める

続いて、「難を挙げて信を勧める」といわれるところで、「正信偈」の前半、「依経分」の最後の箇所になります。

弥陀仏本願念仏《みだぶつほんがんねんぶつ》
邪見憍慢悪衆生《じゃけんきょうまんあくしゅじょう》
信楽受持甚以難《しんぎょうじゅじじんになん》
難中之難無過斯《なんちゅうしなんむかし》

弥陀仏《みだぶつ》の本願念仏《ほんがんねんぶつ》は、
邪見憍慢《じゃけんきょうまん》の悪衆生《あくしゅじょう》、
信楽受持《しんぎょうじゅじ》すること、はなはだもって難《かた》し。
難《なん》の中の難、これに過ぎたるはなし。

「南無阿弥陀仏」と素直な心でただ念仏申す。しかし、そのことが難しいのです。私どもの心は「あれも欲しい。こうなって欲しい。自分をもっとよく見せたい」という思いが渦巻いていて、単純明快な「このこと一つ」ということに落ち着きません。だから難しいのです。素直な心の者にはこれほど単純明快なことはなく、邪見憍慢の自己中心的な思いをもっている者にはこれほど難しいことはない、ということです。

それで親鸞聖人は「唯信《ゆいしん》」ということを『唯信鈔文意《ゆいしんしょうもんい》』という書物のはじめにおっしゃっています。

「唯」は、ただこのことひとつという。ふたつならぶことをきらうことばなり。また「唯」は、ひとりというこころなり。「信」は、うたがいなきこころなり。すなわちこれ真実の信心なり。（中略）本願他力をたのみて自力をはなれたる、これを「唯信」という。

（『真宗聖典』547頁）

「唯」は、浄土真宗の肝《きも》を表す一文字です。浄土真宗は「唯」、「このこと一つ」にきちっと心が定まるという教えです。いま、邪《よこしま》な考えに執われ、懦《おご》りに満ちた私どもの自力では、決してそのような心にはなれないことを挙げて、「難を挙げて信を勧める」のです。ここでの「信」というのは「唯信」で、「唯信を勧める」ということです。

そして最後に、「信楽受持甚以難　難中之難無過斯」とあります。これは、『大経』の最後にある言葉です。『大経』の一番最後に、お釈迦さまご自身がわざわざ、「あなたを難しくしている自力の心を棄て置いて、ただ信じよ」と、私どもに呼びかけている。そのお言葉を「依経分」の締めくくりに取っておられるのです。

十二　総じて三国七高僧を示す

大聖の真言に帰す

ここから、「正信偈」の後半の「依釈分」の説明に入っていきます。「依釈分」の「依」というのは「依《よ》る」という言葉です。「釈」というのは「解釈する」ということです。この「解釈」という言葉ですが、実はすでに見ていただきました「偈前の文」に出てきています。

しかれば大聖の真言に帰し、大祖の解釈に閲して、仏恩の深遠なるを信知して、正信念仏偈を作りて曰わく、

「大聖」とは、お釈迦さまをほめたたえる言葉です。ですから、「しかれば大聖の真言に帰し」というのは、「釈尊のまことの言葉に帰して」ということです。つまり、お釈迦さまのまことの言葉がお経となって伝わっている、そのお経に依るということがこれまでみてきた、正信偈の前半にあたる「依経分」になるわけです。

その後に「大祖の解釈に閲して」という言葉が続いています。「大祖」というのは、インド・中国・日本の三国にわたる、「七高僧」と呼ばれる七人の高僧たちのことです。そしてこれからみなさんと学んでいくのが、その三国七高僧の解釈に依る「依釈分」です。

印度・西天の論家、中夏・日域の高僧

まず「依釈分」の最初の四句について蓮如上人は、「総じて三朝の祖師、浄土

の教をあらわすこころを標したまえり」と述べておられます。「総じて」というのは「全体として」という意味合いの言葉ですから、三国七高僧のことを全体的に示しているわけです。

印度《いんど》西天《さいてん》之《し》論家《ろんげ》
中夏《ちゅうか》日域《じちいき》之《し》高僧《こうそう》
顕《けん》大聖《だいしょう》興世《こうせ》正意《しょうい》
明《みょう》如来《にょらい》本誓《ほんぜい》応機《おうき》

印度《いんど》・西天《さいてん》の論家《ろんげ》、
中夏《ちゅうか》・日域《じちいき》の高僧、
大聖興世《だいしょうこうせ》の正意《しょうい》を顕《あらわ》し、
如来の本誓《ほんぜい》、機《き》に応ぜることを明かす。

この四句に対しての蓮如上人の注釈は次のとおりです。

「印度西天之論家　中夏日域之高僧　顕大聖興世正意　明如来本誓応機」

というは、印度西天というは、天竺のことなり、中夏というは唐土なり、日域というは日本のことなり。かの三国の祖師等、念仏の一行をすすめ、ことに釈尊出世の本懐はただ弥陀の本願をあまねくときあらわして、末世の凡夫の機に応じたることをあかしましますなり。

（『正信偈大意』、『真宗聖典』752頁）

まず、「印度西天」とは「天竺」のことだとあります。昔はインドのことを天竺といい、日本から見るとインドは西の方にあるので「西天」といっています。次に、「中夏というは唐土なり」とあります。昔中国には唐という王朝がありました。その唐の時代に隆盛を誇った文化が日本に輸入されて、今日の日本の文化のいろいろな基礎になっています。それで蓮如上人は、「中夏というのは、私どもがよく知っている唐の国、唐土のことである」とおっしゃっているのです。「日域」というのは日本のことです。これは聖徳太子に関わる言葉です。当時、中国は唐《とう》の王朝ができる直前の隋《ずい》という時代でした。聖徳太子は小野妹子《おののいもこ》を遣隋《けんずい》使《し》という大使に任命して、中国に派遣しました。その時に聖徳太子が中国の隋の皇帝に宛てた国書（日本国からの挨拶文）に、「日出《ひいづ》る処《ところ》の天子《てんし》」が「日没《ぼっ》する処の天子」に遣わす、という文章を書いたと伝えられています。日本は東洋で一番最初にお日さまが上がってきますから、日本の天皇を「日出る処の天子」といっています。また、日本からいうと中国は西の方にありますから、お日さまが沈んでいく処なので、隋の皇帝を「日没する処の天子」といったわけです。このように、お日さまが出る国ということで日本を「日域」と呼んだのです。と同時に、これからの日本は仏法という太陽の輝く国になるのだという気持ちも表したのでしょう。

ここではインド、中国、日本という三国を挙げて、世界全体を表しています。当時はまだ、ヨーロッパやアフリカ、アメリカ大陸などはもちろん知りませんから、その時の全世界としてインド、中国、日本の三国に生まれた七人の高僧たちがみな、念仏の一行を勧められているということが言われています。

またさらにここでは、三国の祖師は特に、お釈迦さまが私どもと同じ娑婆世界にお生まれになり、覚りを開かれたということはいったい何のためであったのか。それは阿弥陀仏の本願を普《あまね》く説き顕《あらわ》すためなのだと見定め、明らかにされたと述べられています。

それは竹中智秀先生の言葉でいえば、「えらばず、きらわず、見すてず」という摂取不捨のこころです。どのようなものも必ず救い遂げるということが阿弥陀仏の本願のこころです。その阿弥陀の本願を説くことこそが、お釈迦さまの教えの根本であるし、あらゆる教えはすべてそこに帰っていくのだという見定めです。

正法・像法・末法

そして、その「えらばず、きらわず、見すてず」の如来の本願には、しっかりと対象があります。ただ漠然と言われたわけではないのです。誰のための本願なのか。それは「末世の凡夫の機に応じたることをあかしましますなり」とあります。

仏教では昔から正《しょう》・像《ぞう》・末《まつ》の三時ということを申して、お釈迦さまが亡くなられてからの時代を「正法《しょうぼう》」、「像法《ぞうぼう》」、「末法《まっぽう》」の三つに分けた時代観があります。仏法が正しく伝わっている時代を「正法」、正しい法の時代といいます。これはお釈迦さまの教えがそのまま真っ直ぐ人々の胸に届いている時だといわれています。ところがだんだんと時が経《た》ち、時代が下るにつれて、「昔、お釈迦さまという偉いお坊さんがいたらしい」とすっかり過去のことになってしまいます。

そういう「正法」の時が過ぎ去った時代を「像法」といいます。「像」というのは仏像の「像」と同じです。つまり「かたち」のことです。お釈迦さまに会いたいと思っても、もう何百年も前に亡くなっておられますから、「像」を作るわけです。

「像」ですから似せたものということです。即物的な言い方をすれば、お寺の本堂などに安置してあるお木像は、言ってみれば彫刻です。おうちにお内仏（お仏壇）がある方は、その真ん中に阿弥陀如来を絵に描いた掛け軸が掛かっていることが多いと思いますが、それは要するに絵です。それから、お釈迦さまが説かれたお経や親鸞聖人が遺された言葉が書いてある『真宗聖典』という書物がありますが、これもただの印刷物だと言ってしまうこともできます。

しかし、そういった「像」を通して、「ここに真実あり。人が人として本当に地に足をつけてしっかりと歩いて行く道がある」と私どもに教えてくださる仏さまがいると心に感じていく。『真宗聖典』は印刷物でしかないかもしれないけれども、そこには私どもの人生の道標《みちしるべ》となる大切な尊い言葉が書かれているのです。ですから私どもは、これを〝お経さま〟としていただいていくのです。このように「かたち」によってあらわしているものを、「住持《じゅうじ》の三宝《さんぼう》」といいます。

お釈迦さまはもういらっしゃらない。お釈迦さまが説かれた言葉ももう聞こえない。だけれども、そこに「像」として、お経という文字になった言葉が伝わっている。それを唯一の手がかりとして仏法、仏教に耳を傾けていく、親しんでいくというのが「像法」といわれる時代です。

ところが、さらにそれから何百年、何千年という時が経ってしまうと、その仏像もお経もいわば博物館に入ったきりになってしまう。仏像ではあるけれども、そこに手を合わせて自分のことを教えてもらうということにはならないのです。国宝のお経が、空調設備の整ったケースに入って展示してあり、興味津々に眺めるけれども、そのお経を教えとしていただくということはない。そういう時代が末法という時代なのです。「かたち」には「あらわす」という意味があります。ところが、その「かたち」が文字通り形骸化して、かたちのはたらきをなさない。そういう時代に入ったことを末法、まことに「世も末」になっているというわけです。

その末法の時代に身を受けているのが私どもの現実です。阿弥陀の本願はその末法の世を救い、末法に生きる人々を助ける法です。釈尊はその本願が「南無阿弥陀仏」の念仏となって私どもに届けられていることを説き教えられました。「依釈分」でこれから述べられる三国七高僧は、その弥陀・釈迦二尊の教えを顕し、明らかにした方々です。そのことを蓮如上人は、「末世の凡夫の機に応じたることをあかしましましますなり」と言われているわけです。

末法の世というのは、どんな人にも日々の暮らしがあって、仕事があって、家庭があって、そのことで一杯いっぱいになっている。少しばかり仏法に心を寄せたとしても、そのことに自分のすべてを注ぎこむわけにはいかない。そういう意味では、「凡夫」というのは私どものことです。生活人のことです。

聖徳太子が制定されたと言われている『十七条憲法』というものがあります。この日本という国の基《もとい》を定めたものです。その第十条に「凡夫」ということが出てきます。どのような人もみな、「共に是《こ》れ凡夫」であるということをおっしゃっています。その「凡夫」という文字に「ただひと」と読み仮名が振ってあります。「凡夫」というのは仏教の専門用語で特別な、大事な意味がありますが、その言葉を「ただひと」、つまりただの人なのだと言われているのです。これは素晴らしい読み仮名だと思います。どのような人もみな、ただの人なのです。ただの人として日々、暮らしの苦労をしているのだという眼差しです。そのただの人のためにこそ、いま「えらばず、きらわず、見すてず」と如来が呼びかけているのだ、摂取不捨の本願が起こされたのだ、ということを蓮如上人はここでおっしゃっているわけです。

十三　別して真宗七祖を明かす

七高僧の位置づけ

これから見ていくのは、七高僧お一人お一人の徳を讃嘆していく箇所です。

七人の高僧方は時代も国も異なりますが、如来の本願が南無阿弥陀仏のこころとして、私どものところまで届けられているのだということを、その時代社会に応じて明らかにされてきた方々です。「正信偈」においてこの七人の高僧方が示されているのは、念仏の歴史が、まさにこの方々によって表現されてきたからなのです。

上三祖・下四祖

次に、その七人の高僧方の真宗七祖としてのつながりについて申します。七高僧はそれぞれ南無阿弥陀仏の如来の本願を説き明かされたわけですが、七人の方々を大きく二つの流れに分けて見ることができます。龍樹、天親、曇鸞の三人の方を「上三祖《かみさんそ》」といい、道綽、善導、源信、源空（法然）の四人の方を「下四祖《しもしそ》」といいます。

「上三祖」は「大経懸り《だいきょうがかり》」で「法」の真実を明らかにし、「下四祖」は「観経懸り《かんぎょうがかり》」で「機」の真実を明らかにするといわれます。

浄土真宗において大切にされる『仏説無量寿経（大経）』と『仏説観無量寿経《ぶっせつかんむりょうじゅきょう》（観経）』というお経があります。どちらのお経も如来の本願を説き明かすものですが、その本願の受け止め方について、大きく二つの流れがあります。『大経』

に重心を置いている方々を「大経懸り」といい、『観経』を全面に押し出している方々を「観経懸り」といいます。もちろん、別のことをおっしゃっているのではありません。重点の置き方が異なるのは、そこに「法」と「機」の問題があるからなのです。

「法」と「機」

「法」と「機」とは、仏教というものを学んでいく上で基本的な視点です。

「法」は、インドの言葉で「ダルマ」といい、仏法を意味します。仏教における古典的な定義では、「法」とは「任持自性《にんじじしょう》、軌生物解《きしょうもつげ》」だとされています。「任持」とは「保つ」ということです。「自性」とは、ものそのものの本源です。「任持自性」とは、「物事の本来性を保つはたらき」というような意味でしょう。

「軌生物解」の「軌」は「軌範」の軌です。「物」とは、仏教において私ども衆生のことを意味します。つまり「軌生物解」とは、道理にしたがって「なるほど、そうだ」と、私どもに納得させ理解させるのが「法」だというわけです。どのようなものにも、それぞれの大事な存在意義や存在価値、大事な役目があります。それをしっかりと保ちながら、私どもに道理にしたがった正しい理解を生み出す。そういうはたらきを「法」といってきたわけです。

親鸞聖人は「法」ということについて、次のように述べられています。

自然《じねん》に、さまざまのさとりを、すなわちひらく法則《ほうそく》なり。

（『一念多念文意』、『真宗聖典』539頁）

「法」とは、単純にいえば法則なのです。ただし、法則は法則ですけれども、自分の生きていることと無関係な法則ではないのです。今ここに生きている私どもの身や足もとの出来事を通して、事実に目を開かせ、真実に生きる道を覚らせる、はたらく法則です。

一本の糸

その「法」に対応する言葉が「機」です。これは人間を見つめる仏教の独自な表現と言えるでしょう。

「機」は「きざす」ということで、縁にふれて事が起こることをいいます。それで「機」は「可発《かほつ》の義」といわれています。可発の「可」は可能性の「可」です。「発」はものごとが発起するとか、始まるという意味の言葉です。何か大事なことや新しいことが始まる、生まれてくる。そういう可能性があるというわけです。「義」は「いわれ」ということです。

「機」の字を使う「機織《はたお》り機」の例で申します。織物は、最初は一本の糸です。その一本の糸から機織り機に縦糸を張り、そこに横糸を通して、一枚の布に織っていくわけです。出来上がった布は私どもの暑さ寒さをしのぐ着物にもなり、物を包む風呂敷にもなります。しかし、機織り機に糸をかけ、手を加えて織り上げなければ、一本の糸はいつまでも一本の糸です。何もせずにそのまま放っておくと、せっかくの一本の糸も糸くずになってしまいます。ちょうど私ども人間も同じようなものだということです。私どもも「いのち」という一本の糸を与えられて、お母さんのお腹から「オギャー」と言って生まれてきたのです。しかし、私ども人間もそのまま放っておくと、何のために生まれたのかがわからないまま、空《むな》しく一生を過ぎてしまいます。

それでは、その「可発の義」の可能性をひらくものは何かというと、「法」を聞くこと、つまり「聞法《もんぼう》」ということなのです。仏法を聞くことによって、「なるほど、そうか。これが人として生きる法則であったのだな」と頷《うなず》くことができるのです。仏法を聞くことにおいて、私どもがもともと内に秘めていた素晴らしい可能性が実現してくる。そういうわれをもって生まれたのが人間だということをあらわすのが「機」という言葉です。

仏法が私の仏法になる

かつてキリスト教思想家の滝沢克己《たきざわかつみ》先生（1909～1984）がこういうことをおっしゃいました。「3＋4」は「7」です。どんなに「8」になってほしいと思っても、やはり「3＋4」は「7」です。水は高いところから低いところへと流れていきます。どこかよそへ行ってほしいと思っても、やはり水は低いところへ低いところへと流れていきます。これは算数の法則であり、物理の法則です。小学生にもわかることです。ものにはすべて法則があるということです。

ところが、「事がいったん人間現象に関わってくると、人々はなかなか同じ道理を認めようとはしない」(『あなたはどこにいるのか　実人生の基盤と宗教』)と滝沢先生は不思議がられます。法則は万人にひとしくはたらく法ですから、人が生きるということそのこと自体にもちゃんと法則があるということです。これは大いに考えなければならないことだと思います。

金子大榮《かねこだいえい》先生(1881〜1976)は、この「法」と「機」の関係について、「普遍の法」と「特殊の機」という簡潔な言葉で教え示されました。「法」は法則ですからいつでも、どこでも、誰にでも、あまねく平等にはたらいているということです。問題はその法則である法が「この私を目覚めさせるための法であったのだ」と気付くかどうか、その普遍の法を法のはたらきとしてしっかりと受け止めるかどうか。これは私ども一人ひとりの問題なのです。また、これが正しいからといって、他人様に強制するわけにもいかないことです。その普遍の法を法として生かし受け止めていくこと。これは「特殊の機」の問題です。一人ひとりの身に突きささった問題と真正面から向き合った時はじめて、万人に広開された法が私のために用意されていたものであったと気付くのです。「特殊の機」において「普遍の法」との関係が開かれます。そこに、人生において「聞法」ということが必要になってくるのです。

以上が、真宗七祖のうち、上三祖は大経懸りで「法」の真実を明らかにし、下四祖は観経懸りで「機」の真実を明らかにするといわれていることの内容です。まず龍樹、天親、曇鸞の上三祖は、高らかに如来の本願真実を讃嘆します。それを受けて道綽、善導、源信、源空の下四祖は、末法の世に生きる衆生の現実に立って、本願のまことを証《あかし》していきます。そういう如来の本願の「法」と、それをわれもひとも共に生きている時代社会のただ中で受け止めていく「機」の自覚において、「仏法が私の仏法になる」という道筋が初めて立つことになるのです。

十四　龍樹

釈尊の滅後に出世したまう

ここからは具体的に、「依釈分」の三国七高僧をお一人お一人讃嘆するところを見ていきましょう。まず、真宗第一祖の龍樹大士《りゅうじゅだいじ》です。「正信偈」と、その注釈書である蓮如上人の『正信偈大意』とを見ていきます。

釈迦如来楞伽山《しゃかにょらいりょうがせん》
為衆告命南天竺《いしゅごうみょうなんてんじく》
龍樹大士出於世《りゅうじゅだいじしゅっとせ》

釈迦《しゃか》如来、楞伽山《りょうがせん》にして、
衆《しゅう》のために告命《ごうみょう》したまわく、南天竺《なんてんじく》に、
龍樹大士《りゅうじゅだいじ》世に出《い》でて、

悉能摧破有無見《しつのうざいはうむけん》
宣説大乗無上法《せんぜつだいじょうむじょうほう》
証歓喜地生安楽《しょうかんぎじしょうあんらく》

ことごとく、よく有無《うむ》の見《けん》を摧破《ざいは》せん。
大乗無上《だいじょうむじょう》の法を宣説《せんぜつ》し、
歓喜地《かんぎじ》を証《しょう》して、安楽に生ぜん、と。

「釈迦如来楞伽山　為衆告命南天竺　龍樹大士出於世　悉能摧破有無見　宣説大乗無上法　証歓喜地生安楽」というは、この龍樹菩薩は（八宗の祖《そ》師《し》、千部の論師《ろんじ》なり。）釈尊の滅後五百余歳《よさい》に出世したまう。釈尊これをかねてしろしめして、『楞伽経《りょうがきょう》』にときたまわく、「南天竺国に龍樹という比丘《びく》あるべし、よく有無の邪見《じゃけん》を破して、大乗無上の法をときて、歓喜地を証して、安楽に往生すべし」と、未来記《みらいき》したまえり。

（『正信偈大意』、『真宗聖典』752頁）

お釈迦さまが楞伽山で説かれたと伝えられる『楞伽経』というお経があります。お釈迦さまはそのなかで、「自分は今、今生のいのちを終えていくけれども、やがてインドの南の方に龍樹という人が生まれて、私の本当の心を継いで明らかにしてくれるであろう」と、後の世の龍樹大士の誕生について予言されているのです。

龍樹大士は共通暦（西暦）の二世紀から三世紀ごろの人だといわれますから、お釈迦さまが亡くなられてから数百年経っています。その間にインドでは大乗仏教が成立してきます。「われもひとも共に」という広い世界に生まれようという願いが起こってきたのです。そうした大乗仏教の先導者として龍樹があらわれたのです。龍樹はお釈迦さまの予言通り、大変大事なことをなされました。それは、お釈迦さまの中心の教えは「縁起」、「空《くう》」であるということを明らかにされたのです。

「縁起」と「空」

今日、「縁起」という言葉は、縁起が良いとか悪いとかという言い方をしますが、これは自分の都合を中心に良い悪いと言っていますから、本来の意味と違います。もともと、縁起とは、「あらゆるものはみな、さまざまな縁によって今、ここに、こうして起こっており、生じている」ということです。

よく結婚式などで「不思議なご縁でございます」と挨拶される方がいます。あれはまさしくその通りなのです。思い返せば、やはり不思議なご縁としか言いようがないのです。何が何でもこの人と一緒になるんだといっても、その通りにならない場合もあります。また、思ってもみなかったふとしたことで一生連れ添うことにもなります。私どもの生活の基礎である家族や家庭ということは、不思議な縁で結ばれているとしか言いようがありません。

ものごとはある一つのことがそれだけで成り立っているのではありません。さまざまな縁がもよおして、そこにかけがえのない一つのことが成り立っています。そのような互いに因となり縁となってはたらいているあり方を縁起というのです。古い経典に「此《こ》れ有れば彼《かれ》有り、此れ生ずれば彼生ず。此れ無ければ彼無く、此れ滅すれば彼滅す」と説かれています。縁起を今日の言葉でいえば、「関係存在」といえるでしょう。あるいはもっと積極的に、「出会い」といってよいかもしれません。そのようにお互いに深く関係し合い、まさに不思議な縁で結ばれている縁起の道理を「空」ともいいます。

「空」は空っぽということです。空っぽといっても、何もないのではありません。何ものでもないということです。あらゆることは縁によって起こっているのですから、別の縁がもよおせば変わっていきます。ところが私どもの自己中心的な思いは、自分に都合の良いことは「こうでなければならない」と決めつけます。また同じことであっても、いったん自分の都合に合わなくなると、とたんに手のひらを返すように、「そんなはずはない」と無視します。そのような私どもの身勝手な決めつけや思いこみを破るのが「空」ということです。

「正信偈」に「有無の見を摧破せん」とあるのは、私どもの身勝手な決めつけや思いこみで、「有る」とか「無い」といって争っているすがたを悲しみ、龍樹は「固着するものは何もない」ということを教えたということです。その存在の真理を「空」と表現したのです。こうでなければ絶対だめだとか、これがなくなったら娑婆は終わりだというような、そのような私どもの自己中心的な思いをひるがえす澄み切った認識のはたらきを、「空」というのです。空っぽの心になって、事実、現実とまっすぐに向き合う、人として一番健康なすがたです。

私は大谷専修学院という、真宗大谷派の僧侶が学ぶ学校につとめています。そこでは毎年四月の入学後に親睦のソフトボール大会を開きます。いくつかチームに分かれて勝ち抜き戦でやるのですが、あるとき、児玉暁洋《こだまぎょうよう》先生（1931～2018）が、「君たち、勝とう勝とう、一番になろうと思っているけれども、負ける人がいるから優勝者がいるのだよ」とおっしゃいました。何が何でも一等になろう、優勝しようとしているけれども、勝つ人があれば、そこには必ず残念無念と負けた人がいるのです。その負けた人がいなければ、勝つということはそもそも成立しないのです。生活の中にある「縁起」とはそういうことなのです。試合が終わったら、勝った者も負けた者もホームベースの前に整列して、お互いに握手して健闘をたたえ合います。それはある意味で縁起の道理を実践している場面です。たまたま縁があって勝った者もいれば、負けた者もいるということです。

称名念仏

龍樹大士は、お釈迦さまの中心の教えは「縁起」、「空」であるということを説かれました。それを「中観《ちゅうがん》仏教」と総称しています。

龍樹大士はその「中観」、「縁起」、「空」ということが、私どもの身の上に成就していく道として、「称名念仏《しょうみょうねんぶつ》」ということを説かれたのです。そのことを「正信偈」では龍樹大士が説かれた『十住毘婆娑論《じゅうじゅうびばしゃろん》』という書物の「易行品《いぎょうぼん》」の箇所によりながら、次のようにいわれています。

> **顕示難行陸路苦《けんじなんぎょうろくろく》**　難行《なんぎょう》の陸路《ろくろ》、苦しきことを顕示《けんじ》して、
> **信楽易行水道楽《しんぎょういぎょうしいどうらく》**　易行《いぎょう》の水道、楽しきことを信楽《しんぎょう》せしむ。

「顕示難行陸路苦　信楽易行水道楽」というは、かの龍樹の『十住毘婆娑論』（易行品）に念仏をほめたまうに、二種の道をたてたまうに、ひとつに

は難行道、ふたつに易行道なり。その難行道の修しがたきことをたとうるに、陸地《ろくじ》のみちをあゆぶがごとしといえり。易行道の修しやすきことをたとうるに、みずのうえをふねにのりてゆくがごとしといえり。

（『正信偈大意』、『真宗聖典』753頁）

そもそも仏教は単純明快な教えです。「如実知見《にょじつちけん》」、ものごとをあるがままに見る智慧の眼が開かれるということです。ところが、その単純明快な道理に鉄壁のように立ちはだかるのが「自分が」、「私が」という思いです。この自己中心的な思いを克服するのに、気の遠くなるような長い時をかけた難行の修行が必要だといわれます。志の堅固な者は歯を食いしばってもやり遂げるでしょう。しかし、日々の生活に追われている多くの人々にとって、その難行の道は思い立っても、途中で疲れてしまい、退転してしまいます。

龍樹大士は大乗の精神に立って、そのような額に汗して日々の生活の苦労をしている人々、すなわち凡夫に広開された、万人の仏道を「易行道」として見いだしたのです。それが念仏の道です。

憶念弥陀仏本願《おくねんみだぶつほんがん》
自然即時入必定《じねんそくじにゅうひつじょう》

弥陀仏《みだぶつ》の本願を憶念《おくねん》すれば、
自然《じねん》に即《そく》の時、必定《ひつじょう》に入《い》る。

「憶念弥陀仏本願　自然即時入必定」というは、本願力の不思議を憶念する人は、おのずから必定にいるべきものなり、といえる心なり。

（『正信偈大意』、同前）

ここに「必定」とありますが、「必ず定まる」ということです。何が定まるのかというと、「仏に成る」ことが必ず定まるということです。自分が勝手に決めるのではありません。「憶念弥陀仏本願」ですから、阿弥陀の本願が「必定」してくるのです。

唯能常称如来号《ゆいのうじょうしょうにょらいごう》
応報大悲弘誓恩《おうほうだいひぐぜいおん》

ただよく、常に如来の号《みな》を称して、大悲弘誓《だいひぐぜい》の恩を報《ほう》ずべし、といえり。

「唯能常称如来号　応報大悲弘誓恩」というは、真実の信心を獲得《ぎゃくとく》せん人は、行住座臥《ぎょうじゅうざが》に名号をとなえて、大悲弘誓の恩徳《おんどく》を報じたてまつれ、といえる心なり。

（『正信偈大意』、同前）

「唯能常称如来号」とあります。凡夫が仏になることのできる念仏の道は称名念仏であることを、龍樹大士が七祖のなかで初めて明らかにされたのです。

十五　天親

唯識

次は同じインドの天親菩薩《てんじんぼさつ》です。西暦400年から480年ごろの人であろうといわれており、「唯識《ゆいしき》」ということを明らかにされた方です。唯識というのは、仏教の一つの大きな学びの流れです。「識」とは「心」のことです。心というものは、普段あれこれとものを思うわけですが、よく考えてみると、重層的で深いものだということを明らかにされたのです。現代ですと、「無意識」といったような言葉でいわれることにも重なる部分もありますが、深層意識です。人間関係など、さまざまなものやことがらと自分との関係を統括している意識を明らかにするのが唯識です。

たとえば、「視れども見えず、聴けども聞こえず」ということわざがあります。実はその前に「心ここにあらざれば」とあって、「心ここにあらざれば、視れども見えず、聴けども聞こえず」と続きます。心というものがどこかへ行ってしまっていると、見ているのだけれど、肝心なことは何も見えていないことになる。そういう微妙な心のはたらきをあらわすために、「みる」、「きく」という言葉に、「視《し》」と「見《けん》」、「聴《ちょう》」と「聞《もん》」という異なった漢字をあてています。

私どもの存在は、必ず人との関係とかいろいろなできごとやものごととの関係のなかで成り立っています。存在そのものを一番根底から支えている心というものがはっきりしないと、いろいろなことを聞いたり見たり経験したりしても、全部ザルに水をぶちまけるように流れ落ちていってしまいます。そういう心によって支えられている私どもの生活経験の場所を、仏教では「身」といいます。この身をこの身として支えている深い心があるのだということを明らかにするのが

「唯識」という仏教の学問なのです。天親菩薩がその唯識の立場に立って、阿弥陀の本願をほめたたえているのが『浄土論《じょうどろん》』という書物です。

一心の華文

『浄土論』は『往生論《おうじょうろん》』ともいい、まさしく往生浄土の願いを明らかにしたものです。『無量寿経優婆提舎願生偈《むりょうじゅきょううばだいしゃがんしょうげ》』というのが本来の名前です。「無量寿経」は『仏説無量寿経（大経）』、『仏説観無量寿経（観経）』、『仏説阿弥陀経（小経）』の「浄土三部経」のことです。「優婆提舎」はウパデーシャというインドの言葉をそのまま漢字に写したもので、「近づけて示す」という意味です。近づけて示す本願のこころに応《こた》える願生の歌が「願生偈」です。

その「願生偈」のはじめに、「世尊我一心《せそんがいっしん》　帰命尽十方《きみょうじんじっぽう》　無碍光如来《むげこうにょらい》　願生安楽国《がんしょうあんらくこく》」と、天親菩薩の願に生きる信心が高らかに謳《うた》われています。「世尊」は釈尊への呼びかけです。「我一心」は今こそ釈尊のまことのこころに出会うことができたという天親菩薩ご自身の喜びの言葉ですし、また後に続く私どもへの呼びかけの言葉でもあります。

信心という特別の心持ちがあるのではありません。信心とは諸仏世尊との出会いの喜びです。親鸞聖人の言葉でいえば、「よきひと」との出会いの確かさが信心のすべてです。天親菩薩が八百年以上も前の釈尊に「世尊、我《われ》は一心に」と呼びかけたように、私どもが八百年前の親鸞聖人に、「聖人よ、私はただ念仏して弥陀にたすけられていきます」と信心の声を発することができた時、「宗祖《しゅうそ》親鸞聖人」ということがはっきりするのです。

親鸞聖人は天親菩薩の『浄土論』をほめたたえて、「一心の華文《かもん》」とおっしゃっています。「世尊我一心」の言葉に信心の華が開く原点を見定められたからだと思います。

天親菩薩が釈尊に「世尊、我は一心に」と衷心《ちゅうしん》の叫びをあげたように、親鸞聖人がその天親の叫びを聞き「一心の華文」とほめたたえたように、私どもも宗祖親鸞聖人に出会うことが生きた信心のすがたといえます。

『浄土論』の大意

それでは天親菩薩について書かれた「正信偈」と『正信偈大意』を見ていきたいと思います。

> **天親《てんじん》菩薩《ぼさつ》造論説《ぞうろんせつ》**
> **帰命《きみょう》無碍《むげ》光如来《こうにょらい》**
>
> 天親《てんじん》菩薩《ぼさつ》、論《ろん》を造りて説《と》かく、
> 無碍《むげ》光如来《こうにょらい》に帰命《きみょう》したてまつる。

「天親菩薩造論説　帰命無碍光如来」というは、この天親菩薩も龍樹とおなじく千部の論師《ろんじ》なり。仏滅後《ぶつめつご》九百年《くひゃく》にあたりて出世したまう。『浄土論』一巻をつくりて、あきらかに三経の大意をのべ、もっぱら無碍光如来に帰命したてまつりたまえり。

（『正信偈大意』、『真宗聖典』753頁）

『論』とは、先ほど述べた『浄土論』という書物のことです。天親菩薩は、その『浄土論』をつくって、「あきらかに三経の大意をのべ」られたということです。「三経」というのは、『大経』、『観経』、『小経』の「浄土三部経」です。法然上人は正《まさ》しく往生浄土を明らかにする教えとして、「浄土三部経」とともに天親菩薩の『浄土論』をあげて、「三経一論」として尊ばれています。

依修多羅顕真実《えしゅたらけんしんじつ》　修多羅《しゅたら》に依《よ》って真実を顕《あらわ》して、
光闡横超大誓願《こうせんおうちょうだいせいがん》　横超《おうちょう》の大誓願《だいせいがん》を光闡《こうせん》す。
広由本願力回向《こうゆほんがんりきえこう》　広く本願力《ほんがんりき》の回向《えこう》に由《よ》って、
為度群生彰一心《いどぐんじょうしょういっしん》　群生《ぐんじょう》を度《ど》せんがために、一心を彰《あらわ》す。

「依修多羅顕真実　光闡横超大誓願　広由本願力回向　為度群生彰一心」というは、この菩薩、大乗経《だいじょうきょう》によりて真実をあらわす、その真実というは念仏なり。横超の大誓願をひらきて、本願の回向によりて群生を済度《さいど》せんがために、論主《ろんじゅ》も一心に無碍光《むげこう》に帰命し、おなじく衆生も一心にかの如来に帰命せよ、とすすめたまえり。

（『正信偈大意』、同前）

「論主」というのは、天親菩薩を指す言葉です。天親菩薩はたくさんの書物を書き遺されていますので、「千部の論師」と呼ばれています。天親菩薩は大乗の論師の中の論師だということで、「論主」とほめたたえているのです。天親菩薩が「一心」ということを言われたのは、南無阿弥陀仏の一心、信心の一心のことです。その一心ということが私どもの胸に響いてきて、如来の本願と信心の一心とが一つに出会うのだということを述べているわけです。

「往相」と「還相」

「願生偈」は冒頭の「世尊我一心」から展開する信心のすがたを述べたものです。「世尊、我《われ》一心に、尽十方無碍光如来《じんじっぽうむげこうにょらい》に帰命《きみょう》して、安楽国《あんらくこく》に生まれんと願ず」と続きます。「尽十方無碍光如来」は阿弥陀如来のすがた、はたらきをあらわします。親鸞聖人は「帰命尽十方無碍光如来」という十字の名号を真宗の本尊とされました。その阿弥陀との関係が開かれた証が「願生安楽国」です。阿弥陀の浄土に心が開かれていく真実に生きるすがたです。

以下、「正信偈」は、阿弥陀の本願のはたらきを受けて、私どもの心が浄土に開かれていくすがたを「往相回向《おうそうえこう》」と「還相回向《げんそう》」として明らかにしていきます。

帰入《きにゅう》功徳大宝海《くどくだいほうかい》
必獲入《ひつぎゃくにゅう》大会衆数《だいえしゅしゅ》
得至《とくし》蓮華蔵世界《れんげぞうせかい》
即証《そくしょう》真如法性身《しんにょほっしょうしん》
遊煩悩林《ゆうぼんのうりん》現神通《げんじんずう》

功徳大宝海《くどくだいほうかい》に帰入《きにゅう》すれば、
必ず大会衆《だいえしゅ》の数《かず》に入《い》ることを獲《う》。
蓮華蔵《れんげぞう》世界に至ることを得《う》れば、
すなわち真如法性《しんにょほっしょう》の身を証せしむと。
煩悩《ぼんのう》の林に遊びて神通《じんずう》を現じ、

入生死園示応化《にゅうしょうじおんじおうげ》　生死《しょうじ》の園《その》に入《い》りて応化《おうげ》を示す、といえり。

「帰入功徳大宝海　必獲入大会衆数」というは、大宝海というは、よろずの衆生をきらわず、さわりなくへだてずみちびきたまうを、大海のみずのへだてなきにたとえたり。この功徳の宝海に帰入すれば、かならず大会《だいえ》の数《かず》にいるべきにさだまるとなり、といえり。

「得至蓮華蔵世界　即証真如法性身」というは、華蔵《けぞう》世界というは、安養世界のことなり。かの土《ど》にいたりなば、すみやかに真如法性《しんにょほっしょう》の身をうべきものなり、といえる心なり。

「遊煩悩林現神通　入生死園示応化」というは、これは還相回向のこころなり、弥陀の浄土にいたりなば、娑婆世界にもまたたちかえり、神通自在をもってこころにまかせて、衆生をも利益せしむべしといえる心なり。

（『正信偈大意』、同前753-754頁）

最初の二句は現益《げんやく》です。心に浄土が開かれる現在において、浄土の聖衆《しょうじゅ》と親しく出会うことができるといいます。親鸞聖人は『御消息集《ごしょうそくしゅう》（善性本《ぜんしょうぼん》）』において、「信心の人はその心《しん》すでに浄土に居《こ》す」（『真宗聖典』591頁）といわれます。

次の句からは当益《とうやく》です。浄土へ往生した者のすがたを述べます。「蓮華蔵世界」は蓮の花に象徴される浄土です。そこでは仏教の究極である真如の法が明らかになるといわれます。

以上の四句が往相の利益です。

最後の二句は還相の利益です。これには竹中智秀先生の愉快なエピソードがあります。ある学生が先生に質問しました。「どうすれば浄土へ行けるのですか」。

先生はにこやかに笑って答えられました。「あなた、そんなにあわてて浄土へ行っても、誰もいませんよ。浄土へ往生した人はみなこの娑婆世間で忙しくはたらいているのです」。今現に身を置いている「此《ここ》」をどういう場所として受け取るのかが、「彼《かしこ》」の浄土との関係を開くのです。

「往相」、「還相」の二種の回向（阿弥陀の大悲のこころのあらわれ）は、次の曇鸞大師の『浄土論註』によってくわしく説きのべられます。親鸞聖人の「親鸞」という名前は、天親菩薩の「親」と曇鸞大師の「鸞」によっていますように、親鸞聖人の教えの骨格は「往相」、「還相」の二種回向なのです。ここに浄土真宗の基礎がうちたてられました。

十六　曇鸞

『浄土論註』

次に、中国の曇鸞大師《どんらんだいし》（476〜542）についてです。

曇鸞大師は天親菩薩の『浄土論』を註釈した『浄土論註《じょうどろんちゅう》』という書物を著しました。古い伝記のなかに「曇鸞大師は龍樹、天親を統談《とうだん》せり」と述べられています。これが曇鸞大師の大きな仕事です。「統談」の「統」というのは統合、統一の「統」です。「談」は語ることです。つまり、曇鸞大師は真宗第一祖の龍樹大士の教えと、第二祖の天親菩薩の教えを一つに摂《おさ》めて語ったということです。龍樹大士は中観仏教をうちたてた方です。天親菩薩は唯識の仏教を大成した方です。もし大乗仏教というものを家の門にたとえるならば、片方の門柱には「中観」という看板が、もう一つの門柱には「唯識」という看板が掛かっているといえるでしょう。それが大乗仏教という家の門の形なのです。ですから、曇鸞大師が龍樹大士と天親菩薩のお二人の教えを一つに受け止めたということは、曇鸞大師において大乗仏教がしっかりと一つの大きな流れになったといえるわけなのです。それほど大事な仕事をされた方です。

それでは曇鸞大師のところを見ていきましょう。

本師曇鸞梁天子《ほんじどんらんりょうてんし》
常向鸞処菩薩礼《じょうこうらんしょぼさつらい》
三蔵流支授浄教《さんぞうるしじゅじょうきょう》
焚焼仙経帰楽邦《ぼんしょうせんぎょうきらくほう》

本師《ほんじ》、曇鸞《どんらん》は、梁《りょう》の天子《てんし》
常に鸞《らん》のところに向こうて菩薩と礼《らい》したてまつる。
三蔵流支《さんぞうるし》、浄教《じょうきょう》を授けしかば、
仙経《せんぎょう》を焚焼《ぼんしょう》して楽邦《らくほう》に帰したまいき。

「本師曇鸞梁天子　常向鸞処菩薩礼」というは、曇鸞大師はもとは四論宗《しろんしゅう》のひとなり。四論というは、三論に『智論《ちろん》』をくわうるなり。三論というは、一つには『中論《ちゅうろん》』、二つには『百論《ひゃくろん》』、三つには『十二門論《じゅうにもんろん》』なり。和尚《かしょう》はこの四論に通達《つうだつ》しましましけり。これによりて梁国《りょうこく》の天子蕭王《そうおう》は御信仰ありて、おわせしかたにつねにむかいて、曇鸞菩薩とぞ礼《らい》しましましけり。

「三蔵流支授浄教　焚焼仙経帰楽邦」というは、かの曇鸞大師、はじめは四論宗にておわせしが、仏法のそこをならいきわめたりというとも、いのちみじかくは、ひとをたすくることいくばくならんとて、陶隠居《とういんきょ》というひとにおうて、まず長生不死《ちょうせいふし》の法をならいぬ。すでに三年のあいだ仙人のところにしてならいえてかえりたまうに、そのみちにて菩提流支《ぼだいるし》ともうす三蔵にゆきあいてのたまわく、「仏法のなかに長生不死の法は、この仙経にすぐれたる法やある」ととといたまえば、三蔵、地につばきをはきていわく、「この方《ほう》にはいずくのところにか長生不死の法あらん、たとい長年《ちょうねん》をえてしばらく死せずとも、ついに三有《さんぬ》に輪回《りんね》すべし」といいて、すなわち浄土の『観無量寿経』をさずけていわく、「これこそまことの長生不死の法なり、これによりて念仏すれば、はやく生死《しょうじ》をのがれてはかりなき命をうべし」とのたまえば、曇鸞これをうけとりて、仙経十巻をたちまちにやきすて、一向に浄土に帰したまいけり。

（『正信偈大意』、『真宗聖典』754－755頁）

蓮如上人の『正信偈大意』を読んでいただくと、曇鸞大師の身にいったいどのようなことが起こり、どういうわけでお念仏に帰する人になったのかということがわかるようになっています。

ただの人となって

曇鸞大師は幼少のころから仏教に縁が深く、出家してからは龍樹大士の明らかにした縁起・空の教え（四論宗）の学者となりました。やがて『大集経《だいじっきょう》』という大部の経典の注釈をしようと思い立ったのですが、志なかばで病気になってしまいます。中国漢方の医療によって病いを治すことはできましたが、つくづく思い知らされました。どんなに高い志があったとしても、人間病気になったら何もできない、と。

健康で長生きをしたい。誰もがみないだく素朴な気持ちです。しかしまた、生死する限りあるいのちを生きている身の事実があります。『大経』には、道を求める菩薩のすがたを「老病死を見て、世の非常を悟る」と説かれています。免《まぬが》れることのできない、「老い、病み、死ぬる」といういのちの事実を見て、「世の非常を悟る」のか、「世の非常に迷う」のか。仏教と外道との分かれ目です。

曇鸞大師は当時、道教《どうきょう》の第一人者といわれていた陶弘景《とうこうけい》（456～536）を尋ね、「長生不死」の仙人の法を記した仙経十巻を授かり、意気揚々と都へ帰ってきました。その時、たまたま中国へ来た三蔵法師の菩提流支に、曇鸞大師は得意気に長生不死の法を手に入れたことを吹聴《ふいちょう》したのでしょう。ところが、菩提流支は地面に唾《つば》を吐きました。軽蔑のしぐさです。

釈尊は「最上の真理を見ないで百年生きるよりも、最上の真理を見て一日生きることのほうがすぐれている」（中村元訳『ブッダの真理のことば』）とおっしゃっています。菩提流支は、「たとえあなたが手にしている仙経によって、長生不死の法を得たとしても、それはただ迷いの時が五十年から百年へと、二百年、五百年と延びたのにすぎないではないか。真実の長生不死の法はここにある」といって、『仏説観無量寿経』（『浄土論』という説もある）を授けたということです。

この菩提流支と曇鸞大師の出会いのエピソードは、「いのちは誰のものか」という浄土教の根本問題が語られています。いのちを私有化して不都合なことを切り捨てようとする、いのちを傷つける生き方と、いのちの真実にしたがって、どのようないのちであろうともいのちそのものを愛する生き方が述べられています。

『続高僧伝』という伝記に記されている曇鸞大師の生涯でもっとも感動的なのは、臨終の場面です。老年になった曇鸞大師は病いを得て、六十七歳で一老人として亡くなったと記してあります。かつて長生不死にあこがれ、外道に迷った曇鸞大師ですが、浄土の教えに会い、ただの人となって生涯を完結したのです。南無阿弥陀仏の念仏の法は私どもを特別な者にするのではなく、自分が自分になっていく凡夫の仏道であることを教え示してくださっています。

架け橋としての曇鸞

真宗七祖のうち、龍樹・天親・曇鸞の上三祖は如来の本願のまことを高らかにほめたたえ、道綽・善導・源信・源空（法然）の下四祖はその本願が人生に行き悩む人々の胸にしっかりと届いていることを確かめています。曇鸞大師は「法の真実」を明らかにする上三祖に属しますが、また次の下四祖への架け橋となった人です。

曇鸞大師には、下四祖に共通する明確な時代認識と、その時代を生きる人間のすがたを受け止める姿勢があります。インドの龍樹大士や天親菩薩と異なり中国に生まれたということもあるのでしょう。また北魏《ほくぎ》の太武帝《たいぶてい》の廃仏《はいぶつ》の嵐が吹き荒れた後に生をうけたということもあるのでしょう。『浄土論註』の冒頭に、今は「五濁《ごじょく》の世《よ》、無仏《むぶつ》の時《とき》」であるという痛切な思いを述べています。まさに末法の時を迎えるという時代、社会、そして人間へのごまかしのない曇鸞大師の眼差しから、「機の真実」を明らかにする下四祖の方々が生まれていったのです。

その法と機の出会いを実現する仏法のはたらきを、曇鸞大師は「本願他力」の「回向」として見いだされました。

天親菩薩論註解《てんじんぼさつろんちゅうげ》
報土因果顕誓願《ほうどいんがけんせいがん》
往還回向由他力《おうげんえこうゆたりき》
正定之因唯信心《しょうじょうしいんゆいしんじん》
惑染凡夫信心発《わくぜんぼんぶしんじんほっ》
証知生死即涅槃《しょうちしょうじそくねはん》

天親菩薩《てんじんぼさつ》の『論《ろん》』、註解《ちゅうげ》して、
報土《ほうど》の因果《いんが》、誓願《せいがん》に顕《あらわ》す。
往《おう》・還《げん》の回向《えこう》は他力《たりき》に由《よ》る。
正定《しょうじょう》の因はただ信心なり。
惑染《わくぜん》の凡夫《ぼんぶ》、信心発《ほっ》すれば、
生死即涅槃《しょうじそくねはん》なりと証知《しょうち》せしむ。

必《ひっ》至《し》無《む》量《りょう》光《こう》明《みょう》土《ど》　必ず無量光明土《むりょうこうみょうど》に至れば、
諸《しょ》有《う》衆《しゅ》生《じょう》皆《かい》普《ふ》化《け》　諸有《しょう》の衆生《しゅじょう》、みなあまねく化《け》すといえり。

「天親菩薩論註解　報土因果顕誓願」というは、かの鸞師、天親菩薩の『浄土論』に『註解《ちゅうげ》』というふみをつくりて、くわしく極楽の因果一々の誓願をあらわしたまえり。

「往還回向由他力　正定之因唯信心」というは、往相還相の二種の回向は、凡夫としてはさらにおこさざるものなり、ことごとく如来の他力よりおこさしめられたり。正定の因は信心をおこさしむるによれるものなりといえり。

「惑染凡夫信心発　証知生死即涅槃」というは、一念の信おこりぬれば、いかなる惑染の機なりというとも、不可思議の法なるがゆえに、生死すなわち涅槃なり、といえるこころなり。

「必至無量光明土　諸有衆生皆普化」というは、聖人弥陀の真土《しんど》をさだめたまうとき、「仏は不可思議光なり、土《ど》はまた無量光明土なり」といえり。かの土にいたりなばまた穢土《えど》にたちかえり、あらゆる有情《うじょう》を化《け》すべし、となり。

（『正信偈大意』、『真宗聖典』755頁）

浄土へ往生するということは、平面的な一方通行ではなく、「彼《かしこ》」の浄土の真実と「此《ここ》」の穢土の現実を一つに結び合わす立体的なはたらきです。そのことを親鸞聖人は曇鸞大師の教えをうけて、如来の本願力による往相・還相の二回向として明らかにしました。

その往相・還相について、このようなたとえ話を聞いたことがあります。比叡山に登る時、幼いものや足腰の弱った人たちはケーブルカーに乗ります。山のふもとから上へ昇っていくケーブルカーは、山頂から降りてくるケーブルカーの下降力で上へ昇っていきます。その上昇力と下降力を生み出す源のはたらきが本願力回向にたとえられるのです。

竹中先生は「往相・還相の対面というのは、我々が浄土へ往生していく時、そこには必ず私のために還相してくださる還相の菩薩がおられる」(『「信に死し、願に生きよ」の教え、に応えて』)といわれます。

「五濁の世、無仏の時」に生をうけた衆生のために、すなわち煩悩成就の者のために広開された法が、本願力回向の他力の仏法です。そしてここから親鸞聖人の浄土真宗が始まります。『教行信証』「教巻《きょうのまき》」に、「謹《つつし》んで浄土真宗を案ずるに、二種の回向あり。一つには往相、二つには還相なり。往相の回向について、真実の教行信証あり」(『真宗聖典』152頁)と述べられているように、『浄土論註』に述べられている回向の教えを親鸞聖人がしっかりと受け止めて、浄土の真実の

「教（教え）、行（行い）、信（信心）、証（証《さと》り・証《あか》し）」という、凡夫の仏道を明らかにされました。浄土真宗のいわば骨格がこの曇鸞大師の『浄土論註』に基づいているのです。

十七　末法の世における証

人間を菩提心において見いだす

三国七高僧について述べられている「依釈分」のうち、これまで龍樹大士、天親菩薩、曇鸞大師について見てきましたが、この三人について、親鸞聖人は「正信偈」ではそれぞれ十二句で讃嘆しておられます。一方、これから見てまいります中国の道綽禅師、善導大師と日本の源信僧都、源空（法然）上人の四人についてはそれぞれ八句で讃嘆しておられます。龍樹、天親、曇鸞の上三祖は、阿弥陀如来の本願の心を『仏説無量寿経（大経）』に依って弘通《ぐずう》されました。また道綽、善導、源信、源空の下四祖は、その本願のまことを『仏説観無量寿経（観経）』に就《つ》いて弘通されました。七祖を通じて本願の念仏を「立宗《りっしゅう》の本拠」とすることは同じなのですが、その「弘通《ぐずう》の差異」を明らかにするために、「正信偈」では句数の違いで示してあるのではないかと思います。

上三祖については、直ちに如来の本願、法の真実を明らかにするという仕事が中心になります。それに呼応して、下四祖は機の真実を明らかにするという仕事をされました。「機」というのは私ども衆生、具体的には人間のことです。なぜ人間を機械の「機」という字で表すのかということは、以前にも申しましたが、「機織り機」の例で考えてみましょう。一本の糸を、細かい部品が微妙につながり、働きあう機織り機にかけることによって、やがて暑さ寒さをしのぐ一枚の布になるように、私どもも仏法に出会うことによって、本当に人として生まれた意義とその喜びに目覚める可能性があるということです。人間もそのまま放っておけば、空しく一生が過ぎてしまいますが、与えられたいのちの微妙性とお互いの深いつながりに気が付けば、すばらしい働きをするということです。

宮城顗先生は「人間を菩提心において見いだす」とおっしゃいました。今ここで顔を合わせている私どもは、われもひとも「人」であることには変わりませんが、本当にどこでお互いが人として出会っているのかということです。

若い時には男女間でお互いを恋愛の対象として見ているということもあります。ご商売をされている方は「この人は儲けさせてくれる人だろうか」と見ているかもしれません。学校の先生ならば生徒を成績が良いか悪いかというように見るかもしれません。しかし、仏法は人間というものを、「みんな仏に成ろうと願っているもの、本当に人として生まれた意義と喜びを確かめたいと願っているもの」として、そういう菩提心において見いだすのです。

私どもは儲かったとか損したとか、勝ったとか負けたとか、都合が良いとか悪いとか、いろいろなことを思います。しかし、そうしたいろいろな思いがおこってくるのは、そこに自分と他者とが出会っているからこそです。その自と他の出会いの事実を成り立たせているはたらきの根っこに菩提心というものがあるのです。もし、自他の出会いの大地である菩提心を見失ってしまうと、たとえ何千、何万の人と知り合ってもゆきちがい、すれちがいに終わってしまいます。大衆のなかの孤独をなげくことになります。この菩提心という一点において人を見いだしていく。それが「機」という言葉であると教えられています。大事な指摘だと思います。

目の前にいる人を、傍らにいる人を本当に「人」として見ていくことがあらゆる人間関係の基礎です。それはすなわち、みな仏に成りたいと願っている菩提心の人として見いだすということです。仏とは目覚めた人のことです。菩提心は「この私が私であることに大切な意義があったのだ」と、いのちそのものから願われていた尊い意味があることに目覚めていくことです。自分が自分自身として一生を尽くしていける願いというものを見いだすことです。そのように菩提心をお互いの存在の上に見いだす出会いが、真実の人間関係を開き、本当の豊かな社会を作り出していくのです。それで、宮城先生は仏の教えである法に対応して「機の真実というものは人間を菩提心において見いだしていく」と教えられているのです。

時機の自覚

それで、これから見てまいります下四祖は、そういう人間を菩提心において見いだすという「機」の問題を取り上げるのですが、同時に機というものは「時機」としてあるのだということです。単に人間一般の話ではなくて、機としてある人間は、どういう時代に身を置いているのかという具体性が必ずあるということです。その時機の自覚というものを下四祖はそれぞれ強く意識し、その時機の自覚において仏法というものを、「だからこそ、南無阿弥陀仏の如来の本願なのだ」と明確に示されています。

親鸞聖人は主著である『教行信証』において、次のように言われます。

信《まこと》に知りぬ、聖道《しょうどう》の諸教は、在世《ざいせ》正法《しょうぼう》のためにして、まったく像末《ぞうまつ》・法滅《ほうめつ》の時機にあらず。すでに時を失し機に乖《そむ》けるなり。浄土真宗は、在世・正法・像末・法滅、濁悪《じょくあく》の群萌《ぐんもう》、斉《ひと》しく悲引したまうをや。

（『教行信証』化身土・本、『真宗聖典』357頁）

すでに上三祖の最後の曇鸞大師は『浄土論註』のはじめに、「五濁の世、無仏の時」と精確な時代認識を示しました。その曇鸞大師の教えにしたがって、下四祖に共通しているのは「末法の自覚」です。

以前、正・像・末の三時ということをお話ししました。いろいろな説がありま すが、一応、正法五百年、像法千年、末法万年といわれます。

「正法」の時は「教・行・証」がすべて備わっている時です。教えが正しく伝わって、そしてその教えにしたがって修行をする人がいる。それでその修行の成果によって覚りをひらくことができる。そういう教・行・証がきちんと備わっているのが正法の時です。

「像法」の時になりますと、覚りのイメージは伝わっていますから、「教・行」はあります。しかし、教えとそれにしたがって修行する人はいるのですが、お釈迦さまの時代から長い時が経ってしまっているので、「証」ということがはっきりしなくなってしまいます。お釈迦さまがおられれば、「あなたは今、阿羅漢《あらかん》の覚りを開かれた」と言ってくれるわけですが、像法の時代になってしまうと、自分の修行の成果を証明してくれる人がいません。果たして自分がその修行によって覚りが開けてきたのかどうかということがわからないわけです。そうすると、自分で自分を励まして、修行の厳しさや形のきらびやかさで、自分のしていることを自分で納得するしかありません。いきおい、それは仏法の名によって、できる者、できない者と人を選別するエリート主義になるきらいがあります。

「末法」の時代になると、「教」のみがあって、「行」も「証」も影をひそめてしまいます。教えの言葉だけがかろうじて残っているという状態です。ただし、「教」はあるといっても、「行・証」の人が見あたらないので、生きた教えに遇うことは困難です。教えの言葉が観念化するのです。仏教はそうした状態を「龍《りゅう》宮《ぐう》に蔵《おさ》まる」と比喩的に表現するのですが、安《や》田《す》理《だ》深《り》先《じん》生（1900～1982）は「仏法が博物館入りをした」と指摘されました。今がまさしく末法の時なのでしょう。

末法の世

末法の世では、自分の思いしかなく、お互いの思いと思いがぶつかりあっています。そういうなかで仏法を聞く縁が熟し、「なるほど、お釈迦さまのおっしゃった通りだった。自分勝手な思いで人を貶《おとし》め、自分を裁《さば》いていた」と、我が身を知らされてくるような、そういう生き活きとしたはたらきを身に感じるかどうか。そのことが問われているのが末法の時の課題なのです。

親鸞聖人はそうした時代と人間の課題を下四祖の教えに尋ねていかれたのです。今は間違いなく末法の世であり、このような時代のなかにあってこそ、その末法の世を導く「教え」は如来の本願の教えであることを確信されたのです。本願念仏の道、これが唯一私どもにとって縁のある教えであるということを明らかにしたのです。

そして、その「行」は南無阿弥陀仏と念仏申すことです。その南無阿弥陀仏の念仏は、確かに私どもが自分の口で申していることですけれども、自分が勝手に作ったものではありません。念仏は聞こえてくるものです。親鸞聖人は、その「南無阿弥陀仏」と声になってあらわれてくる念仏のもと、念仏の心そのものを、如来の本願からの呼びかけが今私に届いて、それが我が口に南無阿弥陀仏の声となっておこってきた大いなるはたらき、如来の「大行《だいぎょう》」なのだと見定められたのです。

本願を信じ、念仏を申して、浄土へ往生することがはっきりするということが、末法の世における「証」なのです。特別に何か権威あるものによりかかっていく必要はありません。今ここに与えられている自分自身が本願の機なのです。その身に浄土へ往生するという新しい心、新しい精神の道が始まるのです。そのような末世の仏弟子のすがたを、これから見ていく下四祖の方々は、それぞれの時代における浄土真宗の「証道」を特色ある言葉で語っておられるのです。

十八　道綽

唯明浄土可通入

それでは下四祖の最初、道綽禅師《どうしゃくぜんじ》（562～645）のところから見てまいります。まず最初の二句に、道綽禅師の大切な仕事が述べられています。「正信偈」本文と蓮如上人の『正信偈大意』の言葉をご覧ください。

> **道綽決聖道難証**《どうしゃくけつしょうどうなんしょう》
> **唯明浄土可通入**《ゆいみょうじょうどかつうにゅう》
>
> 道綽《どうしゃく》、聖道《しょうどう》の証しがたきことを決して、ただ浄土《じょうど》の通入《つうにゅう》すべきことを明かす。

「道綽決聖道難証　唯明浄土可通入」というは、この道綽はもとは涅槃宗《ねはんしゅう》の覚者《かくしゃ》なり。曇鸞和尚《どんらんかしょう》の面授《めんじゅ》の弟子にあらず、その時代一百余歳《よさい》をへだてたり。しかれども幷州玄中寺《へいしゅうげんちゅうじ》にして曇鸞の碑《ひ》の文をみて、浄土に帰したまいしゆえに、かの弟子たり。これまたついに涅槃の広業《こうごう》をさしおきて、ひとえに西方の行をひろめたまいき。されば聖道は難行なり、浄土は易行なるがゆえに、ただ当今《とうこん》の凡夫は、浄土の一門のみ通入すべきみちなりとおしえたまえり。

（『正信偈大意』、『真宗聖典』755-756頁）

仏教の時代観である正法・像法・末法の三時についてはすでにお話しました。道綽禅師はこの三時において、「今は末法の時である」という気持ちを強く抱いた人です。

道綽禅師は、14歳の時に一度出家をしています。ところが、ほどなくして北周《ほくしゅう》の武帝《ぶてい》が「廃仏」の政策をとります。その弾圧はすさまじく、約300万人のお坊さんが還俗《げんぞく》命令を受けて、お寺というお寺はすべて取り壊しになったといわれています。この時、道綽禅師も還俗させられたと思われます。少年ではありましたけれども、道綽禅師は、今まさに仏教が衰退しつつある末法の世の中にいるのだという危機感を、身をもって感じられたのでしょう。

厳しい廃仏は武帝の死によって幕を閉じ、道綽禅師は20歳の時にもう一度出家されました。懸命に仏道の修行や学問に励んだ道綽禅師は、特にお釈迦さまが最後に説かれた『涅槃経』を中心に勉強されました。このことを蓮如上人は『正信偈大意』の中で「涅槃宗の覚者」とおっしゃっているのです。

しかし、学者としてあふれるほどの知識を蓄《たくわ》えていく一方で、自分自身の心は一向に満たされませんでした。そこで、30歳を過ぎたころ、慧瓚《えさん》禅師という方の門下に身を投じます。慧瓚禅師は、「われわれはお釈迦さまの弟子なのだから、お釈迦さまがおられた当時のお弟子たちのように、まず生活実践をしよう」ということを提唱された人です。仏道は、実践の「行学《ぎょうがく》」と、学問を積む「解学《げがく》」の二つの学びが基本です。それまで「解学」を中心としながらも、お釈迦さまの心がなかなか自分自身の身に響いてこなかった道綽禅師は、慧瓚禅師のもとで「行学」にいそしまれました。

ところが、さらに転機がおきます。40歳を過ぎた時に、お師匠の慧瓚禅師がお亡くなりになってしまいました。これまでは、慧瓚禅師をともしびとして、その後について行けばよかったのですが、尋ねるべき人がいなくなってしまったのです。解学の道から身を転じて入っていった行学の道も、お師匠さまがお亡くなりになって、歩むべき仏道が真っ暗闇になってしまったのだろうと思います。

先行きが見えないなかでたどり着いたのが幷州《へいしゅう》の玄忠寺《げんちゅうじ》です。そこには曇鸞大師のことを記した石碑がありました。それを読んで、「自分に先だって、この道を歩んでいかれた方がいた。私も曇鸞大師のあとに従って、本願念仏の仏道を歩んでいこう」と心を定められました。道綽禅師、48歳の時だったといわれています。人生50年といわれていた時代に、道綽禅師はついに念仏の道に出会うことができたのです。

一升の熱湯、一科の栴檀

なぜ浄土の教えのみが末法の時におけるただ一つの道なのか。そのことをあらわす譬《たと》えが道綽禅師の『安楽集《あんらくしゅう》』に述べられています。

まず今は末法の時であることをあらわす「一升《いっしょう》の熱湯」の譬えです。四十里四方の氷山のような氷があり、それを溶かそうと薬缶《やかん》一杯のお湯をそそぎます。熱湯で氷が溶けます。自分の努力の成果に満足して、次の朝、またお湯で氷を溶かそうと行ってみると、極寒の一晩を経た氷の山は、昨日熱湯をそそいだ分だけ盛り上がっていたという譬えです。個人の気持ちや努力を滔々と押し流していく、末法という時代社会の流れがあるのです。

では末法において、私どもはまったく無力なのか。そうではないということを次に「一科《いっか》の梅檀《せんだん》」の譬えで示します。やはり四十里四方の伊蘭樹《いらんじゅ》の林がありま す。伊蘭はそれに近づくと悶絶してしまう悪臭を放つ木です。ところがその伊蘭樹の林に、不思議なことに一本の梅檀の若木が芽を出します。梅檀はお香などに使われる香木です。やがて梅檀はゆっくりと成長して、それまで悪臭を放っていた伊蘭の林を芳《かんば》しい梅檀の香りで満たすという譬えです。道綽禅師はその梅檀を「衆生の念仏の心に喩《たと》う」と述べています。

特にこの「一科の梅檀」の譬えは、大乗仏教の根本である「転成《てんじょう》」ということを教えています。伊蘭の林は伊蘭の林のままなのです。しかし、一本の梅檀が根をおろし芽吹くことによって、伊蘭のままに梅檀の香りに包まれるというのです。末法の世を駄目だといって拒絶するのではありません。その末法の世の課題をになって、「だからこそ」と「衆生の志願」を見いだしていくところに大乗の精神があります。

八句四行の「教」「行」「信」「証」

続いての箇所は、道綽禅師が浄土の教え、念仏のなかで明らかにしていったことがらについて述べられます。

万善《まんぜん》自力《じりき》貶《へん》勤修《ごんしゅ》
円満《えんまん》徳号《とくごう》勧《かん》専称《せんしょう》
三不《さんぷ》三信《さんしん》誨《け》慇懃《おんごん》

万善《まんぜん》の自力《じりき》、勤修《ごんしゅ》を貶《へん》す。
円満《えんまん》の徳号《とくごう》、専称《せんしょう》を勧む。
三不《さんぷ》三信《さんしん》の誨《おしえ》、慇懃《おんごん》にして、

像末法滅《ぞうまつほうめつ》同《どう》悲引《ひいん》
一生《いっしょう》造悪《ぞうあく》値《ち》弘誓《ぐぜい》
至《し》安養界《あんにょうかい》証《しょう》妙果《みょうか》

像末法滅《ぞうまつほうめつ》、同じく悲引《ひいん》す。
一生悪を造れども、弘誓《ぐぜい》に値《もうあ》いぬれば、
安養界《あんにょうかい》に至りて妙果《みょうか》を証せしむと、いえり。

「万善自力貶勤修　円満徳号勧専称」というは、万善は自力の行なるがゆえに、末代《まつだい》の機には修行することかないがたしといえり。円満の徳号は他力の行なるがゆえに、末代の機には相応せりといえるこころなり。

「三不三信誨慇懃　像末法滅同悲引」というは、道綽、『安楽集』に三不三信ということを釈したまえり。「一者信心不淳《いちしゃしんじんふじゅん》　若存若亡故《にゃくぞんにゃくもうこ》　二者信心不一《にしゃしんじんふいち》　謂無決定故《いむけつじょうこ》　三者信心不相続《さんしゃしんじんふそうぞく》　謂余念間故《いよねんけんこ》〔一つには信心淳《あつ》からず、存《そん》せるがごとし、亡《もう》ぜるがごときのゆえに。二つには信心一ならず、謂《い》わく決定《けつじょう》なきがゆえに。三つには信心相続せず、謂わく余念間《へだ》つるがゆえに」」といえり。かくのごとくねんごろにおしえたまいて、像法末法の衆生をおなじくあわれみましましけり。

「一生造悪値弘誓　至安養界証妙果」というは、弥陀の弘誓にもうあいたてまつるによりて、一生悪をつくる機も本願の不思議によりて安養界にいたりぬれば、すみやかに無上の妙果を証すべきものなり。

（『正信偈大意』、『真宗聖典』756頁）

道綽禅師の八句は、二句ずつに分かれていますが、実はそれぞれに末法の仏道における「教」「行」「信」「証」がきちんと述べられていくという構成になっています。

最初の「道綽決聖道難証　唯明浄土可通入」は、末法の時におけるただ一つの

「教」を表しています。

次の「万善自力貶勤修　円満徳号勧専称」は、万善自力の諸行と円満の徳号を対比して、末法の時においては念仏が唯一の「行」なのだということを表しています。

それから次の「三不三信誨慇懃　像末法滅同悲引」は、文字通り「末法の時代においては、その念仏からひらかれる信心というものが私どもの唯一の依《よ》り処《どころ》、根拠なのだ。真実信心に依るのだ」という「信」を表しています。

そして、最後の、「一生造悪値弘誓　至安養界証妙果」は、「末法の世において、気がつけば悪をなし、人を蹴散らしていくような浅ましい生き方しかしていない私どもに、安養界、浄土へ往生し、仏の覚りをひらく道がひらかれているのだ」という、末法の世における往生浄土、そして成仏という「証」を明らかにしています。

「一生造悪」。ここに助けられなければならないものの全存在が示されています。親鸞聖人は、道綽禅師をたたえる和讃の最後に、

従令《じゅりょう》一生造悪の
　衆生引接《いんじょう》のためにとて
　称我名字《しょうがみょうじ》と願じつつ
　若不生者《にゃくふしょうじゃ》と誓いたり

（『高僧和讃』、『真宗聖典』495頁）

［趣意］
たとえ一生悪をつくらなければ生きていけないものであっても、そういうもののためにこそ阿弥陀如来は、「南無阿弥陀仏」と我が名を称えれば、どのようなものもみな、えらばず、きらわず、見すてずに摂取不捨すると、願と誓いをたて

られたのである。

と、高らかに念仏の真実を謳っておられます。

十九　善　導

善導独明仏正意

続いて、真宗第五祖の善導大師《ぜんどうだいし》です。善導大師（613〜681）は道綽禅師の晩年のお弟子です。「正信偈」の本文を見てまいりましょう。

> **善導独明仏正意《ぜんどうどくみょうぶっしょうい》**　善導独《ひと》り、仏《ぶつ》の正意《しょうい》を明かせり。

非常に大胆な言葉です。善導という方お一人が仏さまの「まことの心」を明らかにしたのだということを、親鸞聖人は言い切っているのです。このように明快に言い切られたのにはわけがあります。

仏教は長い伝統・歴史のなかで、いろいろな方が懸命に道を求め、さまざまな教えが伝えられてきました。そのなかで善導大師は、「それぞれ大切な教えかもしれないが、今、私どもが身を受けているこの時代は末法五濁の世である。私どもは、みな凡夫というあり方を免れない生き方をしているのだ。末法五濁の凡夫にあっては、あれもこれもでは間に合わない。このこと一つと定めなければ、この現実の我が身には具体性をもたないのだ」ということを明らかにされました。これを伝統的に「廃立《はいりゅう》」と申しています。「廃」は廃止する。「立」は立てるということです。廃立というのは、「このこと一つ」ということです。私どもの日ごろのこころは、あれはどうか、これはどうかといろんな気持ちをおこしますが、現実に行えることは、いつでも「このこと一つ」なのです。

若いころは「あれもしたい、これもしたい、こうなったらどうだろうか」といろいろ思いをめぐらしますけれども、実際に自分の人生の足跡を振り返ってみれば、みながみなよかったというわけにはいきません。残念無念ということもあります。しかし立ち止まって、ゆっくり振り返ってみると、その道しかなかったのではありませんか。理屈では「あの時にああすればどうだっただろうか。あの時こちらの方を選んでいれば、もっと違ったことになったかもしれない」と、思いはさまざまにめぐらすことができますけれども、自分の歩んできた人生の足跡というものは、やはり自分が歩んだ現実の一歩一歩の道しかなかったのではないでしょうか。

それは端的に、私どものこの身というものが一つであるからなのです。二つも三つも自分の身体があれば、あれもこれもできたかもしれません。しかし、私どもの身というものは、いつでもこの身一つですから、その身が選び、その身が出会ってきたこと、それが私の人生であり、私自身であるわけなのです。

善導大師は、「お釈迦さまはいろいろな教えを説かれたけれども、それは要するに私どもにこの我が身というものを知りなさい、目覚めなさいという教えなのだ。不平不満もあるし、残念無念ということもあるけれども、今ここに受けているこの身に、唯一無二の尊い無上の人生が与えられ、いのちの花が咲いていることを教えてくる。それが南無阿弥陀仏の、本願念仏の一筋の道なのだ」と明らかにされたのです。

凡のために説きたまう

このことを善導大師は「偏為凡夫《へんいぼんぶ》」という言葉で教えています。「偏」というのは「偏向する」というときの「偏」という字です。あれもこれもではなく、今大事なのはこれだというかたちで、「このこと一つ」を定めます。では、何に定めるのか。「凡夫」ということです。凡夫の身を生きているという事実に、お釈迦さまの教えの焦点をあてるのです。

善導大師の言葉に、

仏、凡《ぼん》のために説きたまう、聖《しょう》のためにせざるなり。（『観経疏』玄義分）

という、明快な言い切りの言葉があります。この言葉は、直接的には『仏説観無量寿経』というお経について述べているものですが、すべての教えに通じることです。「お釈迦さまが教えを説かれるということは、凡夫のために説かれるのだ。自分の身を持て余して、自分の思いの始末もつかないで右往左往しているような、凡夫というあり方を免れないもののために、お釈迦さまは教えを説かれるのだ」ということです。

「聖のためにせず」。「聖」というのは、立派な人です。能力のある人です。自分で自分の始末がちゃんとできる人です。ものごとをきちんと一点の非のうちどころもなく、解決していくことのできる人です。そういう人は何も教えを聞く必要もないわけでしょう。ちゃんと自分でできるわけですから。しかし、植木等《うえきひとし》さんの歌にあるように、「わかっちゃいるけど、やめられない」というのが私どもの現実でしょう。どうすればいいかということは、人さまから言われなくても百も承知なのです。しかし、思い通りにいかない。ついつい横道にふらふらと逸《そ》れてしまう。気が付けばとんでもないことをしてしまっている。煩悩に翻弄されている。それが私どもの身の事実です。親鸞聖人は、

凡夫というは、無明煩悩われらがみにみちみちて、欲もおおく、いかり、はらだち、そねみ、ねたむこころおおく、ひまなくして臨終の一念にいたるまでとどまらず、きえず、たえず

（『一念多念文意』、『真宗聖典』545頁）

とおっしゃいます。どうにも始末のできない我が身を抱えているのが凡夫だということです。だからこそ、「仏、凡のために説きたまう」と、お釈迦さまは凡夫のために仏法を説かれるというのです。

それは、南無阿弥陀仏の本願念仏往生の道です。お釈迦さまの教えはどういう教えなのか、ということはこれまで多くの人が懸命に明らかにしてきました。その先人の学びの成果が、法相・三論・華厳・天台というような大乗仏教の華として大きく開きました。しかし、善導大師が直面したのは「誰のための仏教か」という問題です。この仏教の学びの方法的転換において、善導大師は「凡夫のための仏教」であることをはっきりおっしゃったのです。万人に開かれた仏教になったのです。それで親鸞聖人は、声を大きくして「善導独明仏正意」とほめたたえられたのです。

真の宗

矜哀《こうあい》定散《じょうさん》与《よ》逆悪《ぎゃくあく》
光明名号《こうみょうみょうごう》顕《けん》因縁《いんねん》
開入《かいにゅう》本願《ほんがん》大智海《だいちかい》
行者《ぎょうじゃ》正受《しょうじゅ》金剛心《こんごうしん》
慶喜《きょうき》一念《いちねん》相応《そうおう》後《ご》
与《よ》韋提《いだい》等《とう》獲《ぎゃく》三忍《さんにん》
即証《そくしょう》法性《ほっしょう》之《し》常楽《じょうらく》

定散《じょうさん》と逆悪《ぎゃくあく》とを矜哀《こうあい》して、
光明名号《こうみょうみょうごう》、因縁《いんねん》を顕《あらわ》す。
本願の大智海《だいちかい》に開入《かいにゅう》すれば、
行者《ぎょうじゃ》、正《まさ》しく金剛心《こんごうしん》を受けしめ、
慶喜《きょうき》の一念相応《そうおう》して後《のち》、
韋提《いだい》と等しく三忍《さんにん》を獲《え》、
すなわち法性《ほっしょう》の常楽《じょうらく》を証せしむ、といえり。

「正信偈」をお勤めする時は、善導大師の前のところで一旦言葉を区切って、そして「善導独明仏正意」という言葉を、声をあらためて、少し調子を高くしてお勤めをする形をとっています。それは善導大師が浄土真宗にとって特別に重要な意味をもっているからなのです。

真宗七祖はみな本願念仏を私どもに伝えてくださる大切なお方なのですが、『高僧和讃』などを見ると、親鸞聖人は善導大師と源空上人（法然上人）のお二人に限って「真宗」という名を捧げています。この「真宗」とは、仏教を表す言葉です。存覚上人《ぞんかくしょうにん》が著された『六要鈔《ろくようしょう》』という書物に「真宗はすなわち仏教なり」と述べられています。真宗というのは、いろいろな宗派があるなかの一つだろうと思っている方もいらっしゃると思います。しかし、それは歴史の流れのなかでたまたま一つの宗教団体としての形をとってきたわけであって、真宗という言葉そのものは「仏教」ということなのです。

親鸞聖人は『教行信証』のなかで、この「真宗」という言葉に「マコト・ムネ」とわざわざ振り仮名を振っています。真宗というのは宗派の名前ではありません。まして単にお寺の名前でもないのです。文字通り「真《まこと》の宗《むね》」なのです。人が人としてこの世にいのちを受けて、苦労多き人生を生きていく、その真の宗です。「このこと一つ」を依り処に、ここに我が人生ありといえるような、そういう真の宗を明らかにする。それが真宗であって、お釈迦さまの教え、ブッダの教え、仏教こそ人間にとっての真の宗だというわけです。

そして、そのお釈迦さまの教えのなかでも、如来の本願の「えらばず、きらわず、見すてず」の摂取不捨の心を明らかにする浄土の教えこそが真宗、仏教なのだということをいっているわけです。

その「真宗」という言葉を、親鸞聖人は特に善導大師と法然上人に捧げておられます。その理由は、先ほど申しましたように、お釈迦さまの教えのこころは偏為凡夫だからなのです。人生を生きるなかで真の宗を求め、また真の宗がなければ一歩も進めないのが凡夫というあり方をしている者です。凡夫にこそ真宗、仏教が届けられるべきなのだということを明らかにしているのが善導大師と法然上人であるからなのです。ですから親鸞聖人は特に、善導大師と法然上人は真宗すなわち、仏教を明らかにされた方としてほめたたえているわけです。

二十　源信

厭離穢土・欣求浄土

続いて源信僧都《げんしんそうず》（942〜1017）について見てまいりたいと思います。七高僧について印度、中国と見てきまして、ようやく日本にたどりつきました。と、申しましても、源信僧都は千年も前、平安時代の方です。法然上人は源信僧都を日本における念仏の先達と仰がれました。「正信偈」の本文と蓮如上人の『正信偈大意』をご覧ください。

源信広開一代教《げんしんこうかいいちだいきょう》　源信《げんしん》、広く一代の教を開きて、

偏帰安養勧一切《へんきあんにょうかんいっさい》　ひとえに安養《あんにょう》に帰して、一切を勧む。

「源信広開一代教　偏帰安養勧一切」というは、楞厳《りょうごん》の和尚《かしょう》はひろく釈迦一代の教をひらきて、もっぱら念仏をえらんで、一切衆生をして西方の往生をすすめしめたまうなり。

（『正信偈大意』、『真宗聖典』757頁）

「楞厳の和尚」というのは、源信僧都のことを指しています。源信僧都は比叡山の首楞厳院《しゅりょうごんいん》というところにお住まいだったものですから、その住まいの場所の名前をとって楞厳の和尚といっています。

「広く一代の教を開く」というのは、源信僧都の書かれた『往生要集《おうじょうようしゅう》』を指しています。大谷派正依《しょうえ》の聖教《しょうぎょう》の一つです。七祖の聖教の中では一番大部のものです。仏教学者の花山信勝《はなやましんしょう》博士（1898～1995）の調べでは、『往生要集』には、お経をはじめとする聖教などから158種、952文の引用があるということです。仏一代の教を開くというのにふさわしい、仏教のエンサイクロペディア（百科全書）です。そうして数多くの教えの言葉がこぞって、末代の凡夫のために阿弥陀の浄土への往生を勧めていることを明らかにしたものです。

『往生要集』は同時代の平安文学の華である『源氏物語』や『枕草子』とならんで、一千年にわたるロングセラーといえますが、普段はあまりなじみがないかも知れません。しかし、実は私どものよく知っている聖教でもあるのです。かつてはお彼岸になると、多くの寺の余間《よま》に地獄極楽の様子を描いた軸がかけられ、節回しもたくみに絵解《えと》きの説教がありました。そのおどろおどろしい地獄のさまや、厳麗な阿弥陀の浄土のすがたのもとになったのが『往生要集』です。『往生要集』はそのはじめに「厭離穢土《えんりえど》、欣求浄土《ごんぐじょうど》」ということが述べられ、そういうかたちで罪と救いという私どもの素朴な宗教感情を育《はぐく》んできたのです。

源信僧都

源信僧都は現在の奈良県の葛城市《かつらぎし》當麻《たいま》の里に生まれたといわれます。今も當麻寺があり、後ろに二上山《にじょうざん》をひかえています。春分、秋分の日にお日さまが西の空に沈む時に、山の端が金色に輝き、しみじみと人生の行く末を想ってしまいます。そういう土地がらで、信心の篤いお母さんに育てられたようです。

少年のころに比叡山に登り、勉学にいそしみ、やがて天台宗の学問僧として名誉を得たということです。源信僧都の人となりを彷彿《ほうふつ》とさせる説話があります。ある時、宮中に呼ばれて見事に仏法の話をしたので、褒美《ほうび》の小袖《こそで》を賜りました。嬉しかったのでしょう。幼少に家を離れて厳しい修行をしてきたが、どうにか世間から認められる者になったと、ふるさとの母にその喜びを伝えました。母も喜んでくれると思いきや、お母さんから手紙が届きました。そこには「後《のち》の世を渡せし橋と思いしに　世渡る僧となるぞ悲しき」としたためられていたという話です。あなたは世渡り上手のお坊さんになってしまうのですかという母のいましめです。後世にできた説話ですが、源信僧都が生涯の課題としたことをよく描写しています。

『往生要集』巻下に「大象《だいぞう》の一尾」のたとえがあります。象が象舎から体はなんなく出ることはできたが、なぜか尾が戸口にひっかかって出られないというたとえです。象の大きな体にくらべればあるかないかの細い尻尾です。それが名利《みょうり》の心をあらわしています。源信僧都は「出離《しゅつり》の最後の怨みは、名利より大なるものはなき」と記しています。仏法を私有化する心です。道を求めるのに真剣で真面目であればあるほど、いつの間にかその真面目さをほこる気持ちが身を世間につなぎ止めてしまうのです。親鸞聖人も源信僧都に教えられながら、この名利心を生涯の課題とされたのでしょう。聖人は『唯信鈔文意』（流布本）に、「世をすつるも、名《みょう》のこころ利《り》のこころをさきとする」と、根深い自力のこころを見つめておられます。

「源信僧都」と一般に呼んでいますが、正確に言いますと「権少僧都《ごんのしょうそうず》」なのです。日本に仏教が招来されると、僧正《そうじょう》・僧都《そうず》・律師《りっし》などの僧綱《そうごう》の制が定められました。これは僧侶の一種の自治組織ですが、朝廷の任命にかかる官職です。世間的には僧侶の社会的地位をあらわす特権です。名誉なことだと思う人もいたのでしょう。出世間である僧侶の世界の小さな世間です。たまたま源信は六十歳を過ぎて、「権少僧都」に任命されました。おそらく比叡山で、宮中にも人徳の知れている源信にその地位についてもらわなければ困ることがおきたのでしょう。ただし、源信は半年ほどでさっさと退任しています。自分の果たす役目が終わったと見定めたのかもしれません。世間的な地位、名利に未練を残さず、比叡山の横川《よかわ》に戻って、晩年の著作に打ちこんでいます。しかし、源信没後、世の人が源信こそ「僧都」の名にふさわしい仏法の棟梁《とうりょう》だと仰いで、「源信僧都」と呼び慣わしたのです。

「正信偈」の絶唱

続いて「正信偈」、『正信偈大意』を見てまいります。

専雑執心判浅深《せんぞうしゅうしんはんせんじん》
報化二土正弁立《ほうけにどしょうべんりゅう》
極重悪人唯称仏《ごくじゅうあくにんゆいしょうぶつ》
我亦在彼摂取中《がやくざいひせっしゅちゅう》

専雑《せんぞう》の執心《しゅうしん》、浅深《せんじん》を判じて、
報化二土《ほうけにど》、正《まさ》しく弁立《べんりゅう》せり。
極重《ごくじゅう》の悪人は、ただ仏《ぶつ》を称《しょう》すべし。
我《われ》また、かの摂取《せっしゅ》の中にあれども、

煩悩障眼雖不見《ぼんのうしょうげんすいふけん》
大悲無倦常照我《だいひむけんじょうしょうが》

煩悩《ぼんのう》、眼《まなこ》を障《さ》えて見たてまつらずといえども、
大悲《だいひ》倦《ものう》きことなく、常に我《われ》を照したまう、といえり。

「専雑執心判浅深　報化二土正弁立」というは、雑行雑修《ぞうぎょうざっしゅ》の機をすてやらぬ執心《しゅうしん》あるひとは、かならず化土懈慢国《けどけまんごく》に生ずるなり、また専修正行《せんじゅしょうぎょう》になりきわまるかたの執心あるひとは、さだめて報土極楽国《ほうどごくらくこく》に生ずべしとなり。これすなわち、専雑二修《せんぞうにしゅ》の浅深《せんじん》を判じたまえるこころなり。『讃《さん》』にいわく、「報の浄土の往生は　おおからずとぞあらわせる　化土にうまるる衆生をばすくなからずとおしえたり」（『真宗聖典』497頁）といえるこころなり。「極重悪人唯称仏」というは、極重の悪人は他の方便なし、ただ弥陀を称して極楽に生ずることをえよ、といえる文《もん》のこころなり。

「我亦在彼摂取中　煩悩障眼雖不見　大悲無倦常照我」というは、真実信心をえたる人は、身は娑婆《しゃば》にあれども、かの摂取の光明のなかにあり。しかれども煩悩まなこをさえて、おがみたてまつらずといえども、弥陀如来はものうきことなくして、つねにわが身をてらしましますと、いえるこころなり。

（『正信偈大意』、『真宗聖典』757－758頁）

源信僧都は「浄土」の中に、「報土《ほうど》」と「化土《けど》」の区別があることに注目しました。このことは非常に重要なことで、親鸞聖人は『教行信証』のなかで、「教・行・信・証」と次第したあとに、「真仏土巻《しんぶつどのまき》」、これは報土です。それから「化身土巻《けしんどのまき》」、これは化土です。報土と化土という二つのことを、往生浄土の中心的な問題としてとりあげて、『教行信証』全体の約五分の二の分量をあてて、非常に長い引文《いんもん》をされています。これはいわば、親鸞聖人が「教行信証」という浄土真宗の骨格を作り上げられたときに、源信僧都の報土、化土の教えというものが非常に重要なことになっているということです。

なかなかそれを一言で言い表すのは難しいのですが、簡単に申しますと、化土というのは仮の土、場所です。そして報土というのは、「報いる」という字が書いてありますから、如来の心に報いるということです。どういう区別なのかといいますと、仮の場所（化土）というのは自分の気持ち、自分の思いのなかで「まあこういうものだろう。良かった良かった」と言って胡座《あぐら》をかいて座り込んでいる状態を申します。

一方、真実報土、如来の心に報いる場所ということについて、仲野良俊《なかのりょうしゅん》先生（1916〜1988）は、「仏法を聞くとどういう人間になるのか。仏法を聞くと苦労してもいい、人さまが真実に出会い、喜んでくれるならば苦労してもいいという、そういうものになるのです」と、簡単明瞭におっしゃったことがありました。

私は四十数年前、学生の時に仲野先生からいろいろと仏教の教えを聞きましたけれども、他のことはほとんど覚えていません。仏法を聞くと苦労してもいいと言えるものになるのだという、このことだけは深く印象に残っています。年月が経つほどにまことにそうだなと思っています。それが真実報土というかたちで今述べられているわけです。

いつの間にか、自分の楽なように頭の中だけで自己了解して座り込もうとする私どもに、「それでいいのか、目を覚ませ」と呼びかけ、それがどんなに困難な道であろうとも、事実に立って歩み始める勇気を喚《よ》び起こす力の源泉が真実報土のはたらきといえます。

「我亦在彼摂取中　煩悩障眼雖不見　大悲無倦常照我」。「正信偈」の絶唱です。キリスト教に「インマヌエル（神、われらと偕《とも》にましますす）」という言葉があります。「南無阿弥陀仏」の本義は「阿弥陀仏−南無−阿弥陀仏」ですから、私どもは仏教徒として「南無阿弥陀仏（如来、われらと共にましします）」と大きな声で言いましょう。

二十一　源空（法然）

法然上人の生涯（一）　親疎同じく菩提に至らん

七高僧の最後は親鸞聖人の直接の師である法然上人《ほうねんしょうにん》です。法然上人は法然房源空《ほうねんぼうげんくう》というのが正式なお名前です。親鸞聖人よりも40歳年上の方です。１１３３年にお生まれになり、１２１２年に80歳で生涯を終えておられます。また親鸞聖人は１２６２年、90歳まで生きられましたので、ちょうどそれぞれの50年に一度の法要が同じ時期に勤められます。親鸞聖人七百五十回御遠忌《ごえんき》が勤まった２０１１年は、法然上人の八百回の御忌《ぎょき》にもあたりました。師と弟子の法要が50年に一度、同じ時に勤まるということは、深いえにしに結ばれているのだと改めて思うことです。

法然上人は美作《みまさか》の国（岡山県）久米南条稲岡庄《くめのなんじょういなおかのしょう》に生まれました（現在、誕生寺として伝わっています）。父は漆間時国《うるしまのときくに》といい久米の押領使《おうりょうし》（地方の警察長官）でした。ところが、時は平安時代の末期で、世の中が大きく揺れています。法然上人が9歳の時に、父が夜討ちにあって亡くなってしまいます。伝記（『黒谷源空上人伝』）によれば、父は息を引き取るまぎわに、「私が死んだ後、世の風儀にしたがって仇討《あだう》ちをしてはいけない。世々生々《せせしょうじょう》お互いに害心をつのらせるだけで、輪回《りんね》（まよい）の絶えることがない。一向に自他平等の済度《さいど》を祈り、怨瞋《おんしん》はことごとく消え、親しい者も疎《おろそ》かな者もみな同じく菩提《ぼだい》（仏さまの覚り）に至る道を願ってほしい」と遺言したといわれます（父の死は、法然上人の比叡山登山後とする伝記もあります）。

やがて13歳になった法然上人は、比叡山に登ります。その時のエピソードが語り継がれています。地元の菩提寺の院主・観覚《かんかく》から比叡山北谷の源光房へ送った手紙に、「進上大聖文殊像一体《しんじょうだいしょうもんじゅ》」と認《したた》めてあったということです。これは後世の物語として創作されたことかもしれませんが、法然上人の人となりをひと言で語る挿話です。文殊菩薩は智慧をつかさどる代表的な菩薩です。13歳の少年法然をして文殊菩薩の化現と驚嘆させるほど、「智慧才覚」がひろくすぐれていたことをあらわすのでしょう。のちに法然上人は「智慧の法然房」と世の人々から呼ばれます。

13歳で登山、15歳で正式な天台僧となった法然上人は、それからわずか3年間で、天台宗の僧侶として学ぶべき基本の聖教である天台三大部（『法華玄義《ほっけげんぎ》』『法華文句《ほっけもんぐ》』『摩訶止観《まかしかん》』）60巻を読み終えたといいます。それほどのすぐれた学識をそなえた法然上人ですが、やがて遁世《とんせい》します。ある面で、世間以上に世俗化していた比叡山の中心部を離れて、比叡山黒谷《くろだに》の別所の叡空《えいくう》上人のもとに身を投じます。法然上人が最後まで大切にした「天台沙門《しゃもん》（修行者）」としての道を選びとったのです。

法然上人の生涯(二)　一向専修念仏門に帰す

その後も法然上人は、奈良の伝統教団の師たちにも教えを請い、ひたすら「生《しょう》死《じ》を出《い》ずべき道」を求めました。が、気が付けば43歳になっていました。「智慧第一」の法然房と世の人々からほめそやされ、およそ仏法については遍《あまね》く学びつくした法然上人でしたが、肝心のお釈迦さまの生きた声が聞こえない。苦悩のきわまりだったと思います。

ついに意を決して、黒谷の報恩蔵《ほうおんぞう》という経蔵《きょうぞう》に籠って、あらためて初心に立ち帰り、一切経《いっさいきょう》を五遍読み返しました。その必死の学びの中から一つの言葉が光を放って、法然上人の目に飛び込んできました。

「一心専念弥陀名号《いっしんせんねんみだみょうごう》、行住座臥《ぎょうじゅうざが》、不問時節久近《ふもんじせつくごん》、念念不捨者《ねんねんふしゃしゃ》、是名正定之業《ぜみょうしょうじょうしごう》、

順彼仏願故《じゅんぴぶつがんこ》（一心に弥陀の名号を専念して、行住座臥、時節の久近を問わず、念念に捨てざるをば、これを「正定の業」と名づく、かの仏願に順ずるがゆえに）」という、善導大師の言葉です。法然上人は念を入れて、さらに三遍、合わせて八遍一切経を読み返して、「専修《せんじゅ》念仏」の一行に心を定めました。ここにお釈迦さまのまことのこころが述べられていると確信したのです。伝記にはその時のことを次のように美文で記しています。「予がごときの下機《げき》の行法《ぎょうほう》は、阿弥陀仏の法《ほう》蔵因位《ぞういんに》の昔、かねて定め置かるるをやと、高声《こうしょう》に唱えて、感悦髄《かんえつずい》に徹《とお》り、落涙千《らくるいせん》行《ぎょう》なりき。ついに承安《じょうあん》五年の春、齢《よわい》四十三の時、たちどころに余行《よぎょう》をすてて、一向専修念仏門に入《い》りて、始めて六万遍を唱う」。（『黒谷源空上人伝』）

やがて比叡山を降りた法然上人は、しばらく京のあちこちにとどまったあと、京都の東山《ひがしやま》大谷（現在の知恩院《ちおんいん》付近）に草庵《そうあん》を結び、生涯をかけて、縁を求めてやって来る人たちに念仏一つを相続したのです。その中の一人に、私どもの宗祖親鸞聖人がいらっしゃったのです。

「正信偈」や『高僧和讃』、また残されている御消息（手紙）などから分かるように、親鸞聖人はその90年の生涯をとおして法然上人の忠実な弟子でした。南無阿弥陀仏の人としての法然上人を仰いで、親鸞聖人も南無阿弥陀仏の人となっていかれたのです。

本師源空明仏教

本師源空明仏教《ほんじげんくうみょうぶっきょう》
憐愍善悪凡夫人《れんみんぜんまくぼんぶにん》

本師《ほんじ》・源空《げんくう》は、仏教に明らかにして、
善悪《ぜんまく》の凡夫人《ぼんぶにん》を憐愍《れんみん》せしむ。

「本師源空明仏教　憐愍善悪凡夫人」というは、日本には念仏の祖師そのかずこれおおしといえども、法然聖人のごとく、一天にあまねくあおがれたまう人はなきなり。これすなわち仏教にあきらかなりしゆえなり。これによりてあるいは弥陀の化身《けしん》といい、また勢至《せいし》の来現《らいげん》といい、また善導の再誕《さいたん》ともいえり。かかる明師《めいし》にてましますがゆえに、われら善悪の凡夫人をあわれみたまいて、浄土にすすめいれしめたまいけるものなり。

（『正信偈大意』、『真宗聖典』758頁）

「本師源空明仏教」には二重の意味があろうかと思います。「本師」は尊敬の言葉ですが、もとは仏陀釈尊を敬う言葉です。源空、法然上人は「智慧の法然房」と言われるように、お釈迦さまの説かれた一代仏教に精通して明らかであったということと同時に、お釈迦さまがそうであったように、私ども凡夫のために本願真実の教えを明らかにした方であるという意味があります。

法然上人は中国の善導大師の言葉によってお釈迦さまの真意に参究しました。そのため「偏依《へんね》善導一師（偏《ひとえ》に善導一師に依《よ》る）」と言われています。その善導大師が明らかにした「浄土真宗」（凡夫のための真実の仏教）を法然上人は「選《せん》択《じゃく》本願念仏」として、この日本に広めたのです。

真宗興隆の大祖

真宗教証興片州《しんしゅうきょうしょうこうへんしゅう》
選択本願弘悪世《せんじゃくほんがんぐあくせ》

真宗の教証《きょうしょう》、片州《へんしゅう》に興《おこ》す。
選択本願《せんじゃくほんがん》、悪世《あくせ》に弘《ひろ》む。

「真宗教証興片州　選択本願弘悪世」というは、かの聖人我朝《わがちょう》にはじめて浄土宗をたてたまいて、また『選択集《せんじゃくしゅう》』というふみをつくりましまして、悪世にあまねくひろめたまえり。

（『正信偈大意』、『真宗聖典』758頁）

還来《げんらい》生死《しょうじ》輪転《りんでん》家《げ》	生死輪転《しょうじりんでん》の家に還来《かえ》ることは、
決《けっ》以《ち》疑情《ぎじょう》為《い》所止《しょし》	決するに疑情《ぎじょう》をもって所止《しょし》とす。
速入《そくにゅう》寂静《じゃくじょう》無為《むい》楽《らく》	速やかに寂静無為《じゃくじょうむい》の楽《みやこ》に入《い》ることは、
必《ひっ》以《ち》信心《しんじん》為《い》能入《のうにゅう》	必ず信心をもって能入《のうにゅう》とす、といえり。

「還来生死輪転家　決以疑情為所止　速入寂静無為楽　必以信心為能入」というは、生死輪転のいえというは、六道輪回《ろくどうりんね》のことなり。このふるさとへかえることは、疑情のあるによりてなり。また寂静無為の浄土へいたることは、信心のあるによりてなり。されば『選択集』にいわく、「生死のいえに

はうたがいをもって所止とし、涅槃のみやこには信をもって能入とす」というはこのこころなり。

（『正信偈大意』、同前）

『選択本願念仏集（選択集）』は前《さき》の関白《かんぱく》九条兼実《くじょうかねざね》（1149〜1207）の要望に応じて口述したものですが、親鸞聖人はその「念仏の奥義《おうぎ》」を『選択集』三心《さんじん》章の「まさに知るべし、生死の家には疑いをもって所止とし、涅槃の城《みやこ》には信をもって能入とす」の一点に集約して受け取っておられます。ここに念仏の信心の核心があるということです。

信心の反対は疑いです。しかし、信と疑の二分法のように、頭から疑ってはいけないと言っているのではないのです。私どもは自力の心、我が思いをもってする限り、疑いが起こってくるのです。その次から次と起こってくる疑いの心を、南無阿弥陀仏の念仏のなかで本願に聞いていくのです。真宗の信心は「不疑」の信ではなく、「無疑」の信です。疑わないことにしておこうというポーズの信心ではなく、どのような疑いがおこってもびくともしない信心です。明晰判明《めいせきはんめい》な信です。疑いということをなくして、どこかに信心というものを空想するのは、これは浄土真宗の道ではないのです。たとえば、疑いの雲がどんなに厚く覆っていても、その天空には信心の太陽が燦然《さんぜん》と輝いているようなことです。わきおこる疑いは、信心への大切な通路なのです。

仏教ではありませんが、アメリカの神学者のパウル・ティリッヒ（1886～1965）の信仰と疑いについての含蓄《がんちく》深い言葉を紹介します。

生きる勇気とは、神が懐疑の不安のなかで消滅してしまったときにこそあわれ出る神に基礎づけられているのである。

（大木英夫訳『生きる勇気』）

ティリッヒはまた、信仰を「われわれに究極的にかかわるものによって捉えられた状態」と定義します。それは浄土の教えが「他力」と呼んできたことに通じるでしょう。

疑いの心は貪欲・瞋恚・愚痴とならんで煩悩の代表選手といえます。如来の本願はその疑いの心の尽きない煩悩具足の凡夫を目当てとするのです。

親鸞聖人は源信僧都に捧げる和讃において、

煩悩にまなこさえられて
摂取の光明みざれども
大悲ものうきことなくて
つねにわが身をてらすなり

（『真宗聖典』497頁）

と、如来の摂取不捨の智慧の光をほめたたえています。

二十二　まとめ

三国七高僧の伝承

「正信偈」の一番最後には、これまで述べてきたことを二行四句にまとめられています。これは依釈分のまとめでもあり、また「正信偈」全体が「信」の一字に結帰することを示すまとめでもあると言えます。

弘経大士宗師等《ぐきょうだいじしゅうしとう》　弘経《ぐきょう》の大士《だいじ》・宗師等《しゅうしとう》、
拯済無辺極濁悪《じょうさいむへんごくじょくあく》　無辺《むへん》の極濁悪《ごくじょくあく》を拯済《じょうさい》したまう。
道俗時衆共同心《どうぞくじしゅうぐどうしん》　道俗時衆《どうぞくじしゅう》、共に同心《どうしん》に、

唯可信斯高僧説《ゆいかしんしこうそうせつ》　ただこの高僧の説を信ずべし、と。

「弘経大士宗師等　拯済無辺極濁悪　道俗時衆共同心　唯可信斯高僧説」というは、弘経大士というは、天竺震旦我朝《てんじくしんだんわがちょう》の菩薩祖師達のことなり。かの人師等《にんしとう》、未来の極濁悪《ごくじょくあく》のわれらをあわれみすくいたまわんとて、出生《しゅっしょう》したまえり。しかれば念仏の道俗等《どうぞくとう》あまねくかの三国の高祖《こうそ》の説を信じたてまつるとなり。さればわれらが真実の報土の往生をおしえたまうこと、しかしながらこの祖師等の御恩《ごおん》にあらずということなし。よくよくその恩徳《おんどく》を報謝《ほうしゃ》したてまつるべきものなり。（『正信偈大意』、『真宗聖典』758－759頁）

「弘経の大士・宗師等、無辺の極濁悪を拯済したまう」は、依釈分のはじめの

「印度・西天の論家、中夏・日域の高僧、大聖興世の正意を顕し、如来の本誓、機に応ぜることを明かす」の言葉を受けています。

「弘経の大士」というのは「印度・西天の論家」のことで、インドの龍樹大士・天親菩薩を指します。釈尊が『大経』に説いた阿弥陀の本願のこころを弘《ひろ》く伝えた真宗第一祖、第二祖です。

「宗師等」は、その龍樹大士・天親菩薩の教えの伝統を受け継いで、末代の凡夫のために浄土真宗の道を明らかにした中国・日本の祖師たちです。すなわち、真宗第三祖の曇鸞大師、第四祖の道綽禅師、第五祖の善導大師、第六祖の源信僧都、そして第七祖の源空・法然上人です。

無辺の極濁悪を拯済したまう

この真宗七祖が「無辺の極濁悪を拯済したまう」大切な方々だということで

す。「無辺の極濁悪」というのは私どものことです。「無辺」はほとり、果てがないということです。煩悩無辺です。自分でもあきれるほど、次から次へとさまざまな思いが入道雲のようにわき起こってきます。昔の解説書は、大空が無辺なように人も生まれかわり死にかわり、無量無辺である。だからまたその人に離れない煩悩・悪も無辺であると言っています。そのような処《しょ》無辺、人《にん》無辺、悪《あく》無辺をそのままに智慧の光の中に摂め取る「えらばず、きらわず、見すてず」の本願なので、阿弥陀如来を「無辺光」とほめたたえるのです。

「拯済」は、どちらの字もたすけることです。「拯」は手へんになっていますから、ちょうど水をすくい取るように、煩悩の濁流に押し流されている私どもを、あたかも手を差しのべるようにたすけるということです。「済」は、済度《さいど》と熟語しますから、たすけて渡す、その者が本当に安心できるように、その者の本来の居場所へと渡すことです。

煩悩の海に溺れていることにさえなかなか気づかない私どもです。三国七高僧はそういう私どもをたすけ、すくうために、その凡夫が真実に生きる道を明らかにしました。それが、念仏往生を誓った阿弥陀の本願の仏道です。

その七祖の恩徳にこたえるすがたを親鸞聖人は『教行信証』の終わりに述べておられます。「前《さき》に生まれん者は後《のち》を導き、後に生まれん者は前《ひと》を訪《とぶら》え、連続無《む》窮《ぐう》にして、願わくは休止《くし》せざらしめんと欲《ほっ》す。無辺の生死海《しょうじかい》を尽くさんがためのゆえなり」。「自信教人信《じしんきょうにんしん》（自ら信じ人を教えて信ぜしむ）」の誠を尽くす道が私どもの浄土真宗なのです。

われもひとも共に

以上で、なぜこの「正信偈」を作ったのかという基本の理由を述べ終わりました。偈前の文の「しかれば大聖の真言に帰し、大祖の解釈に閲して、仏恩の深遠なるを信知して、正信念仏偈を作り」という、親鸞聖人個人の仕事は一応果たしたのです。しかし、一番大切な仕事が残っています。「自信」は「教人信」を離れてはないのです。また「教人信」は「自信」によって連続無窮に相続していくのです。

「正信偈」の最後の「道俗時衆、共に同心に、ただこの高僧の説を信ずべし」の二句はその親鸞聖人の究極の願いを表明しています。

「道俗時衆」の「道」は、一応、出家の者を指します。「俗」は在家の者です。しかし、今の世においてはみな名字（名前だけ）の道俗だと言われます。出家も在家もその名は変わっても、日々の生活に追われ、わが身を養い、また身寄りの家族のための生活の手段を得るのに精一杯になっているのが末法の時の現実です。もし、自分だけは道心堅固《けんご》で、修行に励んでいると思い込んでいるなら、それは町の中に虎がいるように異様で信じられないことだと『末法燈明記《まっぽうとうみょうき》』という書物（『教行信証』化身土巻所引）に書いてあります。恥ずかしいことですが、私どもはみなそういう凡夫の身を生きているのです。それが「（末法の）時の衆（生）」です。お坊さんは頭を剃り、衣《ころも》を着ていますが、それは形の変わり目であって、時代社会の生活人であることには変わりはないのです。ただし、たとえ形だけであっても、袈裟《けさ》・衣を身に着けることによって、ここに仏あり、仏法あり、真実に生きようとする人々の願いがあることを表しています。

「共同心」は「衆生の志願」と言えるでしょう。自分のことで一杯いっぱいになっている者にも、「われもひとも」共に生きたいというのちの願いがあります。意識はそれぞれが「各別の自力」の心に摑まえられていますが、身がわれもひとも共なる世界に生きているのだから、いのちが共に生きることを欲するのです。凡夫の身に与えられたいのちの願いです。その「皆、同じく、斉《ひと》しく」与えられているいのちの願いを曇鸞大師は「同一念仏無別道故《どういつねんぶつむべつどうこ》（同一に念仏して別の道なきがゆえに）」と言い当てました。ここに宗祖親鸞聖人の教えに生きる真宗門徒の新しい生活がはじまります。

ただこの高僧のこの説を信ずべし

「正信偈」は「唯可信斯高僧説（ただこの高僧の説を信ずべし、と）」という言葉で結ばれています。この最後の一句は心の中で二度読む気持ちでお勤めをするものだと言われています。「唯《ただ》、斯《こ》の高僧の、斯《こ》の説を信ずべし」という親鸞聖人から私どもへの呼びかけです。

真宗大谷派の初代講師の光遠院慧空《えくう》師（1644～1721）の言葉の趣意を要約して紹介します。

「唯可信斯高僧説」は七高僧以外の諸師を簡《えら》び、「信斯」の「斯」の字はただ七高僧とその説を指す。徳が高く、その化導《けどう》は広く行きわたっている。七高僧はみな念仏を弘《ひろ》く興《おこ》した宗師だから、尊び信じるべきである。

また同時に、七高僧はそれぞれの著書があるが、如来の本願を基《もとい》としたときに、依《よ》るべき聖教や言葉と、今は直《す》ぐに依らなくてもよいものとがある。たとえば、龍樹菩薩は大乗仏教の基本書である『中論』を残されたが、無辺の極濁悪の衆生をすくうためには、それではなく、『十住毘婆沙論』の易行品に説かれた阿弥陀仏を憶念称名する説を信じるのである。そのように、七祖の聖教はそれぞれに貴いものだが、その中から末代の凡夫のための如来の本願のこころを明らかにする言葉を選んだのが「正信偈」の偈文である。厖《ぼう》大《だい》な言葉の海から、選《え》りすぐって、これ以上でもこれ以下でもない、真実の言葉を集め連ねてある。だから、浄土真宗の祖である七高僧を信じることは、すなわち「正信偈」に著された七高僧の教えの言葉を信じることである。

浄土真宗の肝腑《かんぷ》は、ただ他力の信心にある。

以上が親鸞聖人から私どもに届けられた伝言です。私どものために、インド、中国、日本の三国にわたって七高僧の方々が懇《ねんご》ろな教えを説いておられるのです。ですから、この「正信偈」を繰り返し繰り返し、何度も何度も読み、日々のお勤めとして口に誦《じゅ》してほしいという願いなのです。

「唯可信斯高僧説」で、お勤めとしての「正信偈」は終わりますが、親鸞聖人の願いを聞けば、ここから「信の道を行く人」としての真宗門徒の生活が始まることになります。「正信偈」のあと、「念仏」、「和讃」、そして回向と続くお勤めの形は、ただ信心一つを勧める親鸞聖人の願いにこたえていくという大切な意味があるのです。

六十行、すでに畢りぬ

『教行信証』では偈文の後に、「六十行《こう》、すでに畢《おわ》りぬ。一百二十句なり」という言葉が添えられています。これは最初に申しましたように、もともと親鸞聖人の書かれた「正信偈」は一行に二句ずつ書いてあります。それが全部で六十行、「帰命無量寿如来」から始まって今の「唯可信斯高僧説」まで句の数が百二十あるということです。これは漢文の偈文のきまりごとで、四言（四文字）や五言（五文字）の場合は四句を一行とし、七言の場合は二句を一行とします。「正信偈」は一句七言ですから、六十行、百二十句になるということです。わざわざそんなことを言われなくても見ればわかるのですけれども、念を押して書いてあるということは、「以上、『正信念仏偈』をここに記したので、未来の人たちはどうかこの六十行百二十句をよくよくご覧いただきたい。そしてお勤めをしていただきたい」と、最後の「六十行、すでに畢りぬ。一百二十句なり」という短い言葉に、親鸞聖人の衷心《ちゅうしん》の願いが込められているわけなのです。

本書は、月刊『同朋』誌（東本願寺出版発行）において、2018年7月号から2020年4月号まで連載された狐野秀存氏の「正信偈に学ぶ―今ここに届く親鸞の教え」（全22回）に加筆・修正をいただき、書籍化したものです。

著者略歴

狐野秀存（この・しゅうぞん）

1948（昭和23）年生まれ。日本大学中退。大谷専修学院卒。現在、大谷専修学院長。著書『往生浄土の道』『釈尊から親鸞へ―七祖の伝統』（東本願寺出版）、『空過をこえて』（真宗大谷派三条教区長岡連組公開親鸞講座実行委員会）、論文「蓮如の祖聖観」（『蓮如の世界』所収、文栄堂）。

正信《しょうしん》偈《げ》に学《まな》ぶ　―親鸞《しんらん》聖人《しょうにん》からの贈《おく》り物《もの》

2021（令和3）年4月10日　第1刷発行

著　者……狐野秀存
発行者……但馬　弘
編集発行……東本願寺出版（真宗大谷派宗務所出版部）
〒600-8505　京都市下京区烏丸通七条上る
TEL　075-371-9189（販売）
　　　075-371-5099（編集）
FAX　075-371-9211
印刷・製本……中村印刷株式会社

乱丁・落丁本の場合はお取替えいたします

本書を無断で転載・複製することは、著作権法上での例外を除き禁じられています
©Kono Shuzon 2021 Printed in Japan　ISBN978-4-8341-0630-5 C0215

書籍の詳しい情報・試し読みは
東本願寺出版　検索　click

真宗大谷派（東本願寺）ホームページ
真宗大谷派　検索　click